Otto Ihle

Eine neue Methode der Asepsis

Otto Ihle

Eine neue Methode der Asepsis

ISBN/EAN: 9783743321038

Hergestellt in Europa, USA, Kanada, Australien, Japan

Cover: Foto ©berggeist007 / pixelio.de

Manufactured and distributed by brebook publishing software
(www.brebook.com)

Otto Ihle

Eine neue Methode der Asepsis

EINE NEUE METHODE

DER

ASEPSIS

welche im Gegensatz zu den bisherigen Methoden eine
absolute Keimfreiheit bei Operationen verbürgt und
Wasserdampf- sowie Wasser-Sterilisatoren
entbehrlich macht.

Von

Dr. med. OTTO JHLE

Frauenarzt in Dresden.

———

Mit 36 Abbildungen.

STUTTGART.

VERLAG VON FERDINAND ENKE.

1895.

Einleitung.

Bekanntlich ist durch zahlreiche Untersuchungen hervorragender Forscher, besonders durch die epochemachenden Arbeiten aus dem *Koch*schen Institut in übereinstimmender Weise und einwandsfrei bewiesen worden, dass die chemischen Desinfektionsmittel, selbst die stärksten unter ihnen, wie Karbolsäure und Sublimat, auch in noch so starker Konzentration frühestens erst nach Stunden, häufig aber erst nach Tagen und dann auf alle Fälle noch nicht absolut sicher, die für die Wunde gefährlichen Infektionskeime abtöten. Ausserdem sind sie überhaupt nur unter gewissen, recht schwierig zu schaffenden Voraussetzungen wirksam; ganz abgesehen davon, dass sie Gifte sind, und infolge davon nicht allein den menschlichen Organismus gefährden, sondern auch die Wunde direkt schädigen und die Verheilung verzögern.

Dagegen wird, im Gegensatz zu den chemischen Desinfektionsmitteln, die erwünschte Abtötung aller Wundreger mit absoluter Sicherheit auf physikalischem Wege erreicht und zwar:

I. durch das bei 100° Celsius kochende Wasser bei mindestens 3 Minuten lang dauernder Einwirkung desselben;

II. durch den Wasserdampf von 100° Celsius bei mindestens 30 Minuten lang fortgesetzter Einwirkung desselben. Jedoch ist hierzu nur Wasserdampf mit ganz bestimmten Eigenschaften, die später näher erörtert werden sollen, brauchbar;

Ihle, Methode der Asepsis. 1

III. durch die trockene Hitze oder heisse Luft,
allerdings nur bei einer Temperatur von wenigstens 140 ^{0}
Celsius und zwar bei mindestens mehrstündiger Einwirkung
derselben.

Diese hochwichtigen Errungenschaften der modernen
Bakteriologie haben mit Recht eine gewaltige Umwälzung
auf dem grossen Gebiete der Chirurgie hervorgebracht, die
zu einem fast vollständigen Verlassen der chemischen
Desinfektionsmittel und nahezu alleiniger Anwendung
des physikalischen Keimtötungsverfahrens geführt haben.
Die Antisepsis wurde vollständig verdrängt durch die
Asepsis.

Trotzdem haben sich die kühnen Erwartungen, die
man auf das neue Verfahren setzte, nicht in dem
Masse erfüllt, als dies anfangs so sicher verbürgt zu sein
schien. Wir müssen leider bekennen, dass eine grosse
Zahl von teilweise sogar schweren und tödlich verlaufenden Infektionen die Resultate der operativen Thätigkeit
auch heute noch beeinträchtigen. Die Zahlen der Wirklichkeit werden nicht dadurch geringer, dass sie ver-
schwiegen werden.

Diese Misserfolge nun können nicht der Unzuverlässigkeit der physikalischen Keimtötungsmittel zur Last gelegt
werden, denn deren Sicherheit ist einwandsfrei festgestellt.
Sie sind vielmehr der Methode ihrer Anwendung, wie sie
heute fast allgemein geübt wird, zur Last zu legen. Hierüber beabsichtige ich ausführlich im ersten Teile meiner
Arbeit zu handeln. Ich werde daselbst zeigen, dass diese
Methode der Asepsis, welche von der Mehrzahl der Operateure heute geübt wird, in der That eine wenig sichere
und ausserdem, bei ihrer Anwendung in der Praxis, ungeheuer umständliche ist. Im Anschluss hieran werde ich
im zweiten Teile meiner Arbeit eine neue, von mir zuerst
angegebene und angewandte Methode der Asepsis besprechen und darthun, dass dieselbe eine absolute Asepsis
verbürgt und in ihrer Anwendung eine ganz ausserordent-

lich einfache ist, welcher keinerlei Umständlichkeit an-
haftet.

Auch in klinischer Beziehung kann ich für diese meine
Methode der absoluten Asepsis einen Beweis erbringen. —
Zu diesem Zwecke will ich gleich jetzt an dieser Stelle aus der
Zahl der Operationen, die ich innerhalb zweier Jahre, vom Januar 1893 angerechnet, dem erstenmale der Anwendung meiner
Methode, ausführte, 53 ausgewählt schwere Laparotomieen
und 26 Uterusexstirpationen herausgreifen, bei denen weder
Sepsis, noch septische Peritonitis, noch sonst eine Wund-
infektion eintrat. Ich ziehe absichtlich nur Operationen
in Betracht, die mit Eröffnung des Peritoneum einhergehen.
Denn das Peritoneum ist das zarteste Reagens, welches
wir kennen. Es bildet den günstigsten Nährboden für
septische Keime und leistet der Propagation derselben
ausserordentlich Vorschub. Bei den anderen Operationen
hingegen wird auch ein mangelhaft aseptisches, oder selbst
nur antiseptisches Verfahren nicht klinisch so präzis er-
kennbare Folgen haben. Ich ziehe aber auch nicht alle
meine Laparotomien aus dem angegebenen zweijährigen
Zeitraum als Beweis heran, sondern nur die technisch
ausserordentlich schwierigen Fälle mit langer Dauer der Operation. Nur so können wir in der Statistik einen Prüfstein
für den Wert meines aseptischen Verfahrens finden. Denn
was hat beispielsweise eine einfache Ovariotomie, bei der
der Operateur nach Eröffnung des Abdomens den Tumor
mit seinem Stiel leicht bis in oder vor die Bauchwunde
ziehen und unterbinden kann, während seine Hände das
Innere der Bauchhöhle kaum recht berühren, zu thun mit
einem schwierigen, gefahrvollen und langdauernden Bauchschnitt, bei dem infolge intraligamentärer und subseröser
Entwickelung des Tumors und starker allseitiger Verwachsung desselben der ganze Beckenboden bis retroperi-
toneal zu den Nieren hinauf unterminiert werden muss,
wo schwierige Blutstillung durch tiefanzulegende und
massenhafte Ligaturen mühsam erkämpft werden muss, wo

die Adhäsionen mit Darm eine Erzeugung blutender und
offener Wunden bedingen und, wo endlich die Nath des
angerissenen Darmes vorgenommen werden muss.

Beide Operationen haben mit einander nicht viel mehr
als den blossen Namen des Bauchschnittes gemein, sowohl
hinsichtlich der Schwierigkeiten in der Technik als der
Asepsis. Das Gelingen einer einfachen Laparotomie ist
absolut kein Beweis für die Güte der dabei angewandten
aseptischen Methode, dagegen ist das Gelingen einer
schweren Laparotomie voller Beweis hierfür. — Denn
kommen im ersten Falle die Hände des Operateurs, die
Instrumente, Gazen und andere Objekte kaum in den
Bauchraum hinein und mit dem Peritoneum in Berührung,
so ist im zweiten Falle im direktesten Gegensatz hierzu
eine solche Berührung nicht nur ermöglicht, sondern sogar in ausgedehntester Weise nötig.

Sind irgendwo an den Objekten Keime vorhanden,
so können wir fast sicher darauf rechnen, dass sie in die
Wunden des Bauchraumes gebracht und während der
langen Zeit der Operation in das Peritoneum desselben
verschmiert werden, wo sie dann den Beweis ihrer Anwesenheit durch den Auftritt einer septischen Infektion
erbringen. — Wie gering ist ebenso die Infektionsgefahr
bei einer einfachen Exstirpation des Uterus, bei der man
diesen auf leichten Zug mit Hakenzangen bis in oder
vor die Rima herabfedernd vorziehen kann und nach Um-
schneidung der Portio Bindegewebe und Blase leicht von
der Gebärmutter abschiebt, die lig. lata, welche bequem
ansichtig sind, mit einigen wenigen Unterbindungen oder
Klemmen versorgt. Und wie hoch ist die Infektionsgefahr bei
Exstirpation der Gebärmutter, wenn diese nicht oder so gut
wie nicht herabziehbar ist, sondern durch Kürze oder Straffheit
der ligam. lata oder Infiltration derselben hoch oben in der
Scheide fixiert wird, wenn Tumoren in oder an oder neben
der Gebärmutter das Becken ausfüllend mit starken Verwachsungen erst Schritt für Schritt gelöst und Stück für

Stück entfernt werden müssen, ehe der Uterus tiefer rückt.
Die Hindernisse der technischen Ausführbarkeit steigern
sich dabei ins Enorme, und je grösser die Schwierigkeiten
derselben sind, desto grösser ist auch die Infektions-Mög-
lichkeit. Die durch die Operation zu setzende Grösse der
Verwundung und ihre Ausdehnung bedingt hier, falls
irgendwelche Keime an den Objekten, die beständig mit
der Wunde in ausgedehnte Berührung treten, vorhanden
sind, mit Sicherheit eine Infektion. Sind also technisch
einfache Fälle, bei denen die Berührung des Peritoneums
mit den sterilisierten Objekten gleich Null ist, für die Beurteilung der Güte der angewendeten Sterilisation absolut nicht zu verwenden, so sind umgekehrt die technisch
schwierigen Fälle geradezu als Beweise für die Sicherheit
der aseptischen Präparationen anzusehen. In den aus der
Reihe meiner Laparotomien angeführten Fällen handelt
es sich fast durchgehend um solche schwierige Fälle. Die
technisch leichten Fälle habe ich, wie schon erwähnt, absichtlich ganz ausgeschieden.

Nur mit kurzen Worten, und nur insoweit dies der
vorliegende Gegenstand erfordert, werde ich auf die Art
der technischen Schwierigkeiten bei den erwähnten Operationen summarisch eingehen. In 32 Fällen von den
schwierigen Laparotomien handelte es sich um Erkrankungen der Adnexa beziehentlich um Tumoren, welche von
diesen ausgiengen. Es bestanden durchweg starke und
meist allseitige Verwachsungen mit dem Beckenboden.
Ovarium, tuba, lig. lata und uterus waren meist unter sich
fest und innig verklebt und gleichzeitig mit Dünndarmschlingen, von denen sie überlagert waren, fest und innig
verlötet, so dass bei Eröffnung des Abdomens erst diese
letzteren in schwieriger und zeitraubender Weise getrennt
werden mussten, ehe die eigentliche Aufgabe, die Befreiung
der Adnexa aus ihren Adhäsionen und die schliessliche
Entfernung derselben vorgenommen werden konnte. Meist
entstanden grosse und ausgedehnte Wundflächen in der

Tiefe des Beckens und am Darm, der bis in die Muskularis hinein blossgelegt wurde. Schwierige Blutstillungen verzögerten die Dauer der Operation. In 2 Fällen handelte es sich um Pyosalpinx von solcher Ausdehnung, dass die Eitersäcke einige Centimeter bis über Nabelhöhe hinaufragten. Die Verwachsungen erstreckten sich hierbei nicht allein auf zahlreiche Dünndarmschlingen, sondern auch auf colon transversum, descendens und flexura sigmoidea. Zur Tamponade der Blutung mussten in einem Falle 6, im anderen über 7 Meter Gaze als Dauerdrainage in der Bauchhöhle zurückgelassen werden. Auch diese beiden Kranken genassen und befinden sich ausserordentlich wohl. Bei einer Reihe von Fällen waren die massenhaft vorhandenen dicken Entzündungsschwarten und Verlötungen so innig und fest, dass selbst das Messer des Anatomen nur schwer einen Weg durch dieselben gefunden haben würde. Trotzdem wurden sie gelöst. Freilich erlagen hierbei 4 Kranke, die ich insgesamt aus der Zahl meiner Fälle zu beklagen habe. In sämtlichen 4 Fällen aber handelt es sich, wie die Sektion ergab, keineswegs um Sepsis oder eine andere Infektion, sondern um reinen Ileus, der durch Abknickung des Darmes infolge Verwachsung der an demselben befindlichen ausgedehnten Wundflächen miteinander entstanden war. Auch durch erneute Laparotomie gelang es in keinem Falle, den Darmverschluss dauernd zu beheben.

In den übrigen Fällen von Bauchschnitt ging die Krankheitsursache vom Uterus aus, und handelte es sich durchgehends um Myome. Die Fälle, welche ich hier in Betracht ziehe, waren nicht einfache typische, sondern die Gewulstmasse füllte auch hier meist das Becken aus und war mit dem Beckenboden in ausgedehnter Weise verwachsen. Das Collum war dick und kurz. Die Manipulationen mussten in der Tiefe des Beckens stattfinden.

Die Exstirpationen des Uterus betrafen in 16 Fällen carcinomatöse Erkrankung desselben. Die Loslösung der

Blase war, da das Carcinom meist weit vorgeschritten war, schwierig. In 3 Fällen, wo die Parametrien infiltriert waren, musste die Blase und Ureter von diesen getrennt werden. Der Uterus war hier ebenso, wie in den übrigen Fällen, die myomatöse Erkrankungen oder Beckeneiterungen darstellten, schwer oder gar nicht herabziehbar. Bei den Fällen, wo die myomatöse Erkrankung die Indikation zur Radikaloperation abgab, mussten, um überhaupt die Vollendung derselben zu ermöglichen, die Tumoren und der Uterus nach dem Verfahren von *Doyen* stückweise entfernt werden. Die letzten 17 Operationen wurden mittels des *Péan*schen Klemmenverfahrens durchgeführt, dem ich mich gegenwärtig ganz zugewendet habe. Sämtliche Fälle genasen bis auf einen, der noch mit der Ligatur-Methode operiert wurde. Auch hier war die Todesursache Ileus. Der Darm war, wie die Sektion ergab, mit dem Stumpfe des wegen carcinomöser Infiltration teilweise entfernten, rechten Ligamentes verwachsen und abgeknickt. Auch hier fand sich keine Spur von Sepsis, septischer Peritonitis oder Infektion.

Sechsmal musste wegen Transportunfähigkeit der Kranken die Laparotomie in deren Behausung gemacht werden. Meist handelte es sich hier um elende Wohnungsräumlichkeiten, Dachkammern und Pferdeställe. Auch hier bewährte sich meine Methode der Asepsis glänzend, und das Verfahren selbst war überaus einfach. Es dürfen nach diesen Ergebnissen sehr wohl die Resultate meiner klinischen Erfahrungen als Beweis für die Güte meiner Methode der Asepsis herbeigezogen werden, da die Möglichkeit eines blossen günstigen Zufalles bei der nicht unerheblichen Zahl der Operationen nicht angenommen werden darf.

Ermächtigt uns somit die von mir angewendete Methode der Asepsis, auch in den Fällen noch operativ vorzugehen, wo die Sicherheit der bisher üblichen Methoden dies nicht mehr ratsam erscheinen liess, so möchte ich mich an dieser Stelle dringend dagegen verwahren, die

Erweiterung der Grenzen unserer operativen Thätigkeit allzuweit ausdehnen zu wollen. Denn, wenn wir auch im Vertrauen auf die Asepsis nicht getäuscht werden, so droht doch ein anderer und fast ebenso gefährlicher Feind bei schwierigen Bauchschnitten in Gestalt des Ileus, und die Gefahr seiner Häufigkeit ist, wie ich durch meine klinischen Erfahrungen leider belehrt wurde, um so grösser, je höher die technischen Schwierigkeiten sind.

I. Teil.

Die bisher üblichen Methoden der Asepsis.

————

Die bisher üblichen Methoden der Asepsis sind, wie ich schon eingangs erwähnt habe, ungenügend. Im Nachfolgenden werde ich dies näher begründen und zwar werde ich der Reihenfolge nach handeln über die bisher übliche Herstellung:

1. Der Waschflüssigkeiten.
2. Der Spül- und Irrigations-Flüssigkeiten.
3. Des Tupf- und Verband-Materials, sowie der Watte.
4. Des Naht- und Unterbindungs-Materiales.
5. Der Sterilisation der Metallinstrumente.

Die bisher übliche Vorbereitung der anderen zur Operation weiterhin noch nötigen Objekte, welche in dieser Aufstellung nicht enthalten sind, werde ich nicht im ersten, sondern erst im zweiten Abschnitt meiner Arbeit, welche die aseptische Präparation sämtlicher Objekte nach meiner Methode ausführlich behandelt, gelegentlich mit ausführen, weil hierdurch eine übersichtliche Zusammenfassung erleichtert wird.

1. Waschflüssigkeiten.

Dass zum Zwecke der Erzielung einer vollständigen Keimfreiheit der Hände des Operateurs und Assistenten, sowie der Haut desjenigen Körperteils der Kranken, an

dem eine Operation vorgenommen werden soll, zunächst
eine gründliche mechanische Reinigung mit heissem Wasser,
Seife und Bürste stattzufinden hat, darüber sind gegenwärtig alle Forscher einig. Weiter aber besteht kein Streit,
dass diese mechanische Reinigung allein für sich nicht
genügt, sondern, dass unmittelbar hierauf noch ausserdem eine energische Abreibung mit Lösung stark keimtötender chemischer Desinfektionsmittel zu erfolgen hat.
Die Anwendung unserer souveränen physikalischen Keimtötungsmittel des kochenden Wassers und des Wasserdampfes verträgt die menschliche Hand leider nicht.

Ueber die mechanischen Reinigungsprozeduren werde
ich später handeln. Jetzt will ich zeigen, dass die gegenwärtig übliche Vorbereitung dieser antiseptischen Lösungen
nicht genügt, und dass sie das Haupterfordernis, dass sie
selbst zunächst aseptisch sind, nicht erfüllen. Zur Herstellung der antiseptischen Waschflüssigkeiten sind nötig:
Waschschüssel, Wasser, Bürste und Antiseptika. Diese 4
Objekte müssen zunächst selbst keimfrei gemacht werden,
damit sie Hand und Haut, mit denen sie in Berührung
kommen, nicht infizieren. *Schimmelbusch* hat auf Grund
der Ergebnisse zahlreicher und hervorragender Forscher,
sowie durch eigene Untersuchungen dargethan, wie überaus keimhaltig selbst das klarste und reinste Wasser ist,
und dass die Handbürstchen, die bei Operationen verwendet
werden, selbst nach wiederholter gründlicher Reinigung
mit Seife und heissem Wasser noch wahre Brutstätten
von gefährlichen Organismen enthalten. Weiter wissen
wir, dass trockene pulverförmige Antiseptika im Gegensatz
zu den flüssigen oder in Lösung befindlichen Antisep-
tikis, Bakterienhaufen enthalten, gegen welche das Antiseptikum erst in dem Momente, wo es verflüssigt wird,
seine Wirksamkeit entfaltet. Im Jodoform, dem vorzugsweise pulverförmigen Antiseptikum, haben angestellte
Untersuchungen überraschende diesbezügliche Ergebnisse
zu Tage gefördert. Es darf uns demnach nicht verwundern,

dass bei dem Sublimat, welches vorzugsweise zur Herstellung antiseptischer Lösungen verwendet wird, und welches in der trocken pulverförmig gepressten Form von Angerers Sublimatpastillen am meisten üblich ist, die Verhältnisse nicht besser liegen. Mit meist nicht ganz sauberen, sicher aber nie vollständig aseptischen Händen werden die Pastillen angefasst. Strepto- und Staphylokokken können mit Leichtigkeit an dieselben gelangen oder schon an ihnen vorhanden sein, denn in das Aufbewahrungsgefäss der Pastillen kann Staub aus der Luft, da diese doch nie beständig feucht ist und eigentlich, um die Pastillen vor dem Zerfliessen zu schützen, auch nie feucht sein darf, reichlich eindringen. Ein luftdichter Verschluss, der mit Sicherheit nur durch Verlötung nach jedesmaligem Gebrauch verbürgt sein würde, ist praktisch undurchführbar.

Wir können demnach mit Sicherheit darauf rechnen, dass die Sublimatlösung, welche mit trockenem Sublimat bereitet wurde, wenn die Zeit, die von der Zubereitung der Lösung bis zum Gebrauch derselben verstreicht, kurz ist, im Momente ihrer Anwendung selbst noch nicht keimfrei ist. Die Waschschüssel, in welcher die antiseptische Waschflüssigkeit zur Verwendung kommen soll, ist zunächst auch nicht keimfrei, selbst wenn sie ein noch so sauberes Ansehen darbietet. Heisses Wasser, Schmierseife, Sand und Bürste vermögen ja einen hohen Grad von Reinlichkeit zu erzielen, allein Reinlichkeit und Keimfreiheit sind bekanntlich zwei wesentlich ganz verschiedene Dinge.

Die innere Wandung der Waschschüssel muss aber unbedingt keimfrei gemacht werden, nicht allein weil die antiseptische Lösung mit ihr in Berührung tritt und sonst ihrerseits gefährdet sein würde, sondern vor allem auch, weil Hände und Vorderarme des Operateurs, die in die Schüssel hineingreifen, mit ihr in Kontakt treten. Mag auch vielleicht unter günstigen Umständen bisweilen die antiseptische Lösung die Keime, die an der Innenwand

der Schüssel haften, abtöten, so findet dies doch im besten
Falle nur an den untersten Stellen statt, wo die keimtötende Lösung die Innenwand der Schüssel selbst direkt
ausfüllt und dadurch berührt. Weiter aufwärts aber vom
Flüssigkeitsspiegel an bis zur obersten Kante der Schüssel
bleibt die Innenwand von der antiseptischen Lösung un-
berührt und deshalb auf alle Fälle stark keimhaltig. Dies
ist nun um so misslicher, als gerade dieser Teil der Schüssel
mit den aseptischen Händen des Operateurs und Assistenten
sehr häufig in Berührung tritt. Denn der Operateur und
Assistent ist häufig genötigt, während einer Operation die
blutigen Hände in solcher Schüssel abzubürsten. Leicht
kann er durch Kontakt mit den fraglichen Stellen, wenn
deren Asepsis nicht verbürgt ist, ausserordentlich gefahr-
volle Mikroorganismen auf seine Hände und Vorderarme
und von diesen in die Peritonialhöhle übertragen. die den
Tod der Patienten zur Folge haben können. — Es ist mir
nicht zweifelhaft, dass in vielen Fällen, wo ein Vorwurf
wegen mangelhafter mechanischer Desinfektion der Haut
ausgesprochen wird, vielmehr die mangelhafte Vorbereitung
der antiseptischen Waschschüssel zu beschuldigen ist.

In welcher Weise nun sorgen die bisher üblichen Methoden für die Herstellung einer solchen mit antiseptischer
Lösung gefüllten Schüssel? — Die Sorge der Asepsis hat
sich zu erstrecken auf: das Wasser, das Antiseptikum, die
Waschschüssel selbst und die Bürste. Das Wasser wird
der kräftigsten Keimtötungsprozedur, dem Abkochen in
geschlossenen Töpfen 5—10 Minuten lang unterworfen
und hierdurch zweifellos sicher keimfrei gemacht. Allein,
wie steht es mit diesem Wasser, nachdem es in die Schüssel
gelangt ist und antiseptischen Zusatz erhalten hat? Wurde
das Wasser in einem kleinen Topfe gekocht, so lassen sich
beim direkten Ueberschütten in die Schüssel aseptische
Fehler vermeiden. Da man indessen zu Operationen in
der Regel grössere Wassermengen braucht und demnach
einen grossen Topf anwenden muss, so geht das Ueber-

schütten nicht gut an. Beim Neigen dieser Töpfe, welches nur in geringem Grade stattfinden kann, weil sonst zu viel Wasser auf einmal überströmt, läuft das Wasser leicht an der Aussenseite des Topfes herab, d. i. über nicht aseptisches Gebiet hinweg und ist dann, in der Schüssel angelangt, nicht mehr aseptisch. Man muss daher Schöpfer zum Ueberschöpfen benutzen. Diese aber müssen, um keimfrei zu sein, gekocht oder in Dampf sterilisiert werden. Die andauernde Erhaltung der Keimfreiheit solcher Schöpfer während der ganzen Dauer ihres Gebrauches ist, abgesehen davon, dass die Schöpfer doch auch noch zur Uebertragung des Wassers in andere Gefässe gebraucht werden, recht schwierig und um so fragwürdiger, als der Arzt diese hochwichtigen Prozeduren, da er selbst zu deren Verrichtung keine Zeit hat, dem Personal übertragen muss. Man hat daher danach getrachtet, den Schöpfer auszuschalten, um die Umständlichkeiten und Unbequemlichkeiten, die sein Gebrauch zur Folge hat, zu vermeiden und um eine grössere Sicherheit der Asepsis zu erreichen. Diese Bemühungen führten zur Konstruktion des Wassersterilisationsapparates nach *Fritsch* und anderen Autoren.

Der Apparat nach *Fritsch*, der nebenstehend skizziert ist, ist der üblichste und vielleicht auch noch beste. — Derselbe besteht, wie Fig. 1 darthut, aus einem Kessel, welcher mit dem Deckel *D* verschlossen wird. Der Kessel wird mit Wasser angefüllt. Durch den Hahn *J* wird das Wasser, nachdem es im Kessel hinreichend lange gekocht hat und aseptisch ist, abgelassen. Unterhalb des Kessels befindet sich die Flamme, welche den Kessel erhitzt. In dem Kessel selbst ist eine Kühlschlange angebracht, in welche bei *G* kaltes Wasser aus der Leitung ein- und bei *E* ausströmt.

Bedenken in aseptischer Beziehung erregt dieser Apparat hinsichtlich der Kühlschlange, besonders aber hinsichtlich des Hahnes. Da die Kühlschlange am Kessel bei *E* und *G* aus technischen Gründen fest fixiert sein

muss und deshalb nicht heraushebbar ist, so stellen sich
einer exakten Reinigung unüberwindliche Hindernisse entgegen. Der nach dem Boden des Kessels hin gekehrte

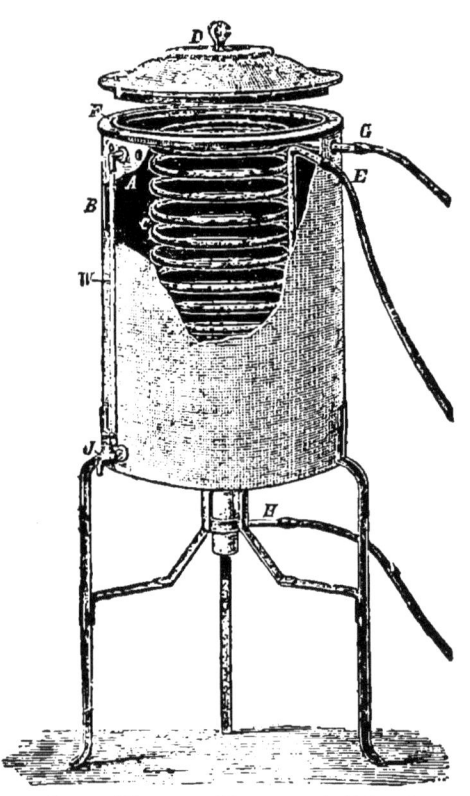

Teil der Schlangenrohre ist
dem Auge entzogen, ebenso
die Wand des Kessels selbst,
da wo sie von den Rohren
bedeckt wird. Viele Winkel
sind im Innern des Apparates
vorhanden. Feuchtigkeit
bleibt beim Austrocknen
zurück. Es bildet sich
Grünspan oder, wenn der
Apparat nicht aus Kupfer
gefertigt ist, andre Oxydationsprodukte. Staub und
Schmutz, der sich im Laufe
der Zeit ansammelt, ist
ebenfalls nur mit grosser
Mühe, jedenfalls aber nie
radikal, entfernbar. Das
dem Apparat entnommene
Wasser wird mit der Zeit
immer trüber. Häufige Re-
paraturen werden nötig,

Fig. 1. Wassersterilisator nach Fritzsch.

die kostspielig sind und Störungen verursachen. — Die
Kühlschlangenvorrichtung ist den Gewerbebetrieben entnommen. Wir finden sie fast in jedem Bierapparat.
Aber die Bierausgeber singen dasselbe Lied der Klage. —
Immerhin werden aber Oxydationsprodukte und Staub
durch das Kochen selbst keimfrei gemacht, und ist deshalb
hinsichtlich der Kühlschlange ein direktes aseptisches Bedenken nicht vorhanden. Dagegen muss der Hahn J Bedenken in hohem Grade erregen.

Der Kanal dieses Hahnes nämlich muss unbedingt
absolut keimfrei gemacht werden, da sämtliches Wasser

ihn passieren muss. Sonst würde dasselbe reichlich Gelegenheit zur Infektion finden. Leider aber müssen wir
feststellen, dass der Kanal eines jeden Hahnes zu den
Gegenständen gehört, die niemals aseptisch zu machen
sind.

Figur 2 zeigt den Querschnitt eines Hahnes im ver-
schlossenen Zustande. Derselbe ist am Kessel k angeschraubt.
Das Wasser, mit dem der Kessel angefüllt ist, dringt in den
Teil a des Kanales ein und erfüllt diesen bis zum Conus
C hin. Der Conus C ist ein metallener eingeschliffener

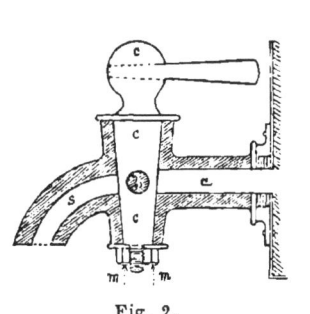

Fig. 2.

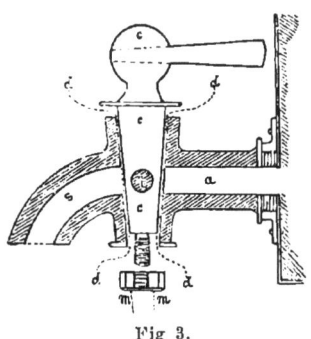

Fig 3.

Stöpsel, der das Wasser abschliesst und dessen Ausfliessen
verhindert. Kocht das Wasser im Kessel, so wird der
Kanal a keimfrei, der Kanal b aber, der im Conus ein-
gebohrt ist, und der bei Verschluss des Hahnes quer steht,
sowie der Kanal s, welcher ebenfalls vom kochenden Wasser
abgeschlossen ist, werden dabei nicht keimfrei. Bei ge-
öffnetem Hahn aber, wo dies der Fall sein würde, da sie
dann mit Wasser gefüllt wären, kann man das Wasser
nicht kochen lassen, da es dann ausfliessen würde.
Man ist demnach gezwungen, den Hahn, jedesmal bevor das Wasser im Kessel gekocht wird, abzunehmen
und im geöffneten Zustande, wo das Wasser in den
Kanal b und s eindringen kann, für sich selbst auszu-
kochen. Es genügt aber das Auskochen des Hahnes für
sich, wenngleich im geöffneten Zustande, allein nicht, sondern der Hahn muss unbedingt zu diesem Zwecke auch

auseinander genommen werden, die Schraubenmutter *m*
vom Conus *C* losgedreht und der Conus selbst heraus-
gezogen werden. Vergl. Fig. 3. Es handelt sich nämlich
nicht allein darum, dass der in den Conus *c* eingebohrte
Kanal *b*, sondern weiter auch darum, dass die ganze äussere
Oberfläche *d* des Conus abgekocht wird, da Teile derselben
beim Umdrehen und Verschluss des Hahnes mit dem Wasser,
welches er zurückhalten soll, in Berührung kommen. Nach
erfolgtem Abkochen muss dann der Conus wieder eingesetzt
und eingeschraubt werden. Damit der Hahn seinen Zweck
erfüllt und das Wasser dicht abschliesst, und es nicht bei
d durch die Dichtungen abfliesst, muss in die letzteren,
auch wenn sie noch so gut eingeschliffen sind, eine Fett-
masse eingebracht werden. — Hierin beruht eine grosse
Gefahr für die Asepsis, denn Fettmassen sind schwer oder
gar nicht aseptisch zu machen. Sie treten mit dem Wasser
in Berührung und drängen sich leicht in die Lichtung
des Kanales ein, so dass also hieran die Herstellung der
Asepsis im Kanale des Hahnes scheitert, abgesehen von
der grossen Mühe und dem Zeitverlust, der durch die
geschilderte Vorbereitung entsteht, und ganz abgesehen
auch davon, dass wir dieselbe dem Personal überlassen
müssen.

An Stelle des eben geschilderten Hahnes, welcher
technisch als Conushahn oder Pfannenhahn bezeichnet
wird, giebt es noch den sogenannten Ventilhahn und den
Gummi- oder Niederschraubhahn. Beide finden bei Wasser-
leitungen ihre Anwendung und sind praktisch besser verwertbar, da die Dichtungen dauerhafter sind, und sie nicht
so schnell versagen, wie bei der eben geschilderten Art
des Conushahnes. Allein für die Asepsis kommen sie, obgleich man sie bisweilen dabei angewendet sieht, überhaupt
gar nicht in Betracht, da bei ihnen nicht allein Fett und
Talgmassen in weit reichlicherer Menge, sondern sogar Leder
und Gummi, die noch weniger aseptisch zu machen sind,
unbedingt vorhanden sein und mit jedem Tropfen des

Wassers in Berührung kommen müssen. Ausserdem sind sie noch schwerer zerlegbar.

Es ist deshalb nicht zu verwundern, dass bakteriologische Untersuchungen des Hahnes selbst unmittelbar nach dessen vermeintlicher Sterilisation stets eine üppige Aussaat der verschiedenartigsten Keime ergeben. *Fritzsch* überzeugte sich selbst, indem er bei seinen Laparotomien direkt während der Operation das aus seinem Sterilisator verwendete Wasser bakteriologisch prüfen liess, dass dasselbe keineswegs keimfrei war. — Das Wasser ist also, sobald es dem Wassersterilisator nach *Fritzsch* entnommen ist, nicht mehr keimfrei, ungeachtet der vielen Zeit und Mühe, welche die Bereitung und Entnahme desselben beansprucht hat. Besonderes Bedenken muss hier wie bei allen übrigen aseptischen Vorkehrungsmethoden der Umstand erregen, dass man sie dritten, und zwar meist dem niederen Heilpersonal angehörigen Personen überlassen muss.

Fragen wir nun weiter, in welcher Weise man bisher für die Keimfreiheit des zur Desinfektion verwendeten Antiseptikums sorgt, so erhält man zum Teil recht wenig befriedigende Auskunft. Nimmt man feste oder pulverförmige Antiseptika, so können diese, wie oben erwähnt ist, recht gefährliche Infektionskeime mechanisch beigemengt enthalten. Im Momente ihrer Auflösung im Wasser tritt zwar die antiseptische, keimtötende Kraft in Wirksamkeit. Allein diese ist, selbst bei starken und konzentrierten Lösungen, wie wir von *Schimmelbusch* wissen, nicht in der kurzen Zeit, die bis zur Anwendung der Lösung verfliesst, sondern häufig erst nach Stunden und Tagen fähig, die erwünschte Wirkung der Keimvernichtung hervorzubringen. Dem Antiseptikum fällt also zunächst die Aufgabe zu, zu sorgen, dass es selbst nicht schädlich sei, indem es zu diesem Zwecke die eigenen in ihm enthaltenen Keime abtöten möchte.

Flüssige Antiseptika sind in dieser Hinsicht schon besser, weil sie zunächst selbst wenigstens nicht direkt

stark keimhaltig sind. Allein es muss nachdrücklich hervorgehoben werden, dass alle Antiseptika wegen der oben
erwähnten Langsamkeit und Unsicherheit ihrer Wirkung
nicht etwa im stande sind, das dem Sterilisator entnommene und, wie ausgeführt, nicht sterile Wasser nachträglich noch zu sterilisieren. Diese Hoffnungen, welche Praktiker auf das Antiseptikum setzen, ist vollständig hinfällig.
Wir dürfen nicht vergessen, dass der eigentliche Zweck
der antiseptischen Lösung nur der ist, die durch mechanische Prozeduren bereits in umfangreicher Weise statt-
gefundene Entkeimung der Hand zu vervollständigen.

Was die bisher übliche aseptische Vorbereitung der
Waschschüssel selbst anbelangt, deren Innenwand, wie
oben ausgeführt wurde, keimfrei sein muss, so geschieht
dieselbe meist sehr mangelhaft. *Fritzsch* verfährt so, dass
er in einer grossen Wanne eine Sublimatlösung herstellen
und die Schüsseln und Becken darin vom Personale baden
lässt. Dass eine solche, wenngleich noch so starke Sublimatlösung eben wegen der kurzen Dauer ihrer Berührung
nicht im entferntesten fähig ist, virulente Keime, die der
Schüssel anhaften, abzutöten, ist aus den oben angeführten
Gründen ohne weiteres klar. — Die Beurteilung des ganzen
Verfahrens unterliegt aber auch sonst den Gesichtspunkten,
welche über die Wirkungen der chemischen Desinfektionsmittel oben auseinandergesetzt sind. Ganz ausserordentlich fraglich ist nämlich weiterhin die Asepsis der Wandungen einer solchen Wanne selbst. Die Wandungen derselben enthalten zweifellos Keime. Die Sublimatlösung ist
hier ebenfalls nicht im stande in dem kurzen Moment, innerhalb dessen sie mit den Wandungen in Berührung tritt, diese
Keime abzutöten. Die Keime gelangen vielmehr in die
Sublimatlösung und diese wird häufig genug nicht fähig
sein, mit ihnen fertig zu werden. Es können deshalb sogar Keime, die den Wandungen der Wanne anhaften, unter
Vermittlung der Sublimatlösung an die Schüssel gebracht
werden. — Ob *Fritzsch* zu diesem Wannensublimatwasser

sterilisiertes Wasser aus seinem Apparat entnimmt, ist nicht bekannt. Allein, nimmt er auch immerhin solches, auf keinen Fall ist es, wie oben erwähnt, selbst keimfrei, und es kann deshalb der Schüssel ebenfalls schädlich werden. Recht fraglich ist es auch, ob die Hände des die Schüsseln waschenden Personals vollständig keimfrei sind. Der Operateur ist mit seiner Aufmerksamkeit bei anderen Dingen und kann eine derartige Kontrolle nicht ausführen. Wir müssen demnach fürchten, dass auch von den Händen des die Schüssel waschenden Personales Infektionskeime an dieselbe gelangen können, denn durch das Eintauchen in Sublimatlösung werden diese Hände ebenfalls nicht steril.

Gegen alle die erörterten Gefahren schützt also das Sublimat, auf dem doch das ganze Verfahren aufgebaut ist, nicht. Wir müssen leider konstatieren, dass die Lehre von der langsamen und geringen keimtötenden Leistung der chemischen Antiseptika, eine so hochbedeutende moderne Errungenschaft, die *Schimmelbusch* in klarster Weise dargelegt hat, ihre Anwendung in der Praxis der Aerzte auch heute noch nicht hat finden können. — Weit besser und eigentlich allein zulässig ist es, wie *Egbert Braatz* dies vorschlägt, die Waschschüsseln im Dampfsterilisator durch Wasserdampf zu sterilisieren. Praktisch ist dies freilich recht unbequem, da wir dem Personal zu viel anvertrauen müssen und nicht sicher sind, dass durch die nachträglich nötigen Handierungen mit der Schüssel, die Entnahme derselben aus dem Sterilisationsapparat, das Einschütten von Wasser und Antiseptikum sowie das Einlegen der Bürste, eine Berührung der Innenwandungen solcher Schüsseln mit nicht aseptischen Dingen statthat.

Die Hände des Personales sind, da wir dieselben zu den nicht aseptischen Dingen rechnen müssen, ebenfalls zu fürchten. Beim Herausnehmen der Schüssel aus dem Sterilisator greift das Personal leicht mit dem nicht aseptischen Daumen in das Innere der Schüssel hinein. Be-

sonders der weibliche Teil unseres Personals wird trotz
aller Belehrung wieder denselben Fehler machen.

Die Hände des Personales aber dürfen wir, wie bereits
mehrfach angedeutet ist, nie für zuverlässig aseptisch halten,
selbst dann nicht, wenn die Desinfektion derselben unter
unseren Augen geschah, denn wir sind nicht sicher,
dass hinterher die Asepsis solcher Hände gewahrt bleibt,
da wir das Personal doch nicht beständig unter unseren
Augen behalten können und bei demselben weder die
aseptische Logik noch die strengste Gewissenhaftigkeit,
die notwendig sind, verbürgt ist.

Die Handbürstchen werden, da sie nach den Angaben
von *Schimmelbusch* das Auskochen in Wasser nicht vertragen
sollen, im Dampfsterilisator durch Wasserdampf keimfrei
gemacht. Bei der Entnahme der Bürsten aus dem Sterilisier-
apparat und dem Einlegen derselben in die Schüssel bestehen die Gefahren des Kontaktes mit nicht aseptischen
Gegenständen und den Händen des Personales in gleicher
Weise, wie dies oben ausgeführt ist. —

Aus allen den voranstehenden Erörterungen, in denen
die bisher übliche aseptische Herstellung des Wassers, des
Antiseptikums, der Waschschüssel selbst und der Bürste
ausführlich dargethan ist, geht die Unzuverlässigkeit, Unsicherheit und Umständlichkeit des gegenwärtig gebräuch-
lichen Verfahrens hervor, und es braucht wohl nicht noch
besonders hervorgehoben zu werden, dass derselbe Vorwurf die fertiggestellte antiseptische Lösung, da diese sich
aus den einzelnen erörterten Komponenten zusammensetzt,
in gleicher Weise betrifft.

2. Spülflüssigkeiten.

Noch schwieriger aber und umständlicher, als die Herstellung einer mit antiseptischer Lösung gefüllten Waschschüssel, und dabei noch weniger aseptisch zuverlässig ist
nach der gegenwärtig üblichen Methode die Sterilisation
der Spülflüssigkeiten. Bekanntlich brauchen wir solche

einerseits unmittelbar vor der Operation zur Entfernung des Seifenschaumes von der Haut des Operationsfeldes, andererseits direkt während der Operation zur Hinwegspülung des Blutes aus der Wunde. *Schimmelbusch* ist zwar in neuester Zeit energisch dafür eingetreten, dass wir in die frische Wunde zu dem genannten Zwecke überhaupt keinerlei Flüssigkeit einbringen, sondern das Blut und die Gewebsflüssigkeiten nur mit Hilfe trockener Tupfer entfernen sollen. Allein für Operationen innerhalb von Körperhöhlen, besonders für plastische Operationen, die extra und intra vaginam stattfinden, gewährt, wie *A. Martin* hervorhebt, die permanente Berieselung vermittelst eines ganz dünnen Wasserstrahles, eine Erleichterung der Uebersicht, die durch nichts zu ersetzen ist. Hauptsächlich auch, wenn es sich um Manipulationen in der Tiefe oder weit im Körperinnern handelt, wie beispielsweise bei der Exstirpation eines nicht oder so gut wie nicht herabziehbaren Uterus, ist das Tupfen so umständlich und zeitraubend, dabei gleichzeitig in dem Grade raumversperrend und bei stärkeren Blutungen so wenig zweckentsprechend, dass eine Reihe hervorragender Operateure sich nicht mit der sogenannten Trockenbehandlung befreunden konnten. — Die vermeintlichen Nachteile, die infolge der permanenten Berieselung der Wunden während der Operation beobachtet wurden, sind in der That auch nicht der eigentlichen Berieselung an sich selbst, sondern nur der mangelhaften Asepsis der verwendeten Flüssigkeit zur Last zu legen. Diese Flüssigkeit muss allerdings absolut keimfrei sein, da sie die blossgelegte Wunde direkt in allen ihren Teilen berührt, und somit in ihr enthaltene Infektionskeime zahlreiche Eingangspforten in das Körperinnere vorfinden. Bei Operationen, bei denen die Bauchhöhle eröffnet wird und die Flüssigkeit mit dem Peritoneum in Kontakt kommt, ist, da dieses ein ausserordentlich zartes Reagens für infektiöse Keime ist, die Gefahr eine besonders hohe. Nach den bisher üblichen Methoden der Sterilisation der

Spülflüssigkeiten sind dieselben aber, wie nachstehend erörtert werden soll, keineswegs keimfrei. Auf dem langen
Wege, den das Wasser vom Irrigationsbehälter an zurückzulegen hat, bis es in der Wunde angekommen ist, bieten
sich ihm zahlreiche Gelegenheiten zur Infektion. Es soll
dies nachfolgend ausführlich dargestellt werden. Bereits
früher habe ich in der Münchener med. Wochenschrift
diesbezügliche Betrachtungen niedergelegt.

In der Regel nämlich befinden sich die zur Berieselung oder zur Spülung dienenden Flüssigkeiten in einem
für diesen Zweck bestimmten Gefäss, dem sogenannten
Irrigator, aus dem sie durch einen Schlauch an die Wunde
geleitet und mittels eines sogenannten Spül- oder Rieselrohres zum Austritt gebracht werden. Zum Zwecke der
zeitweiligen Unterbrechung des Wasserzuflusses sind besondere Sperrvorrichtungen vorgesehen, die das Lumen
des Gummischlauches verschliessen und den Namen
Schlauchklemmen führen.

Die Herstellung der Asepsis hat sich zu erstrecken auf
das zur Spülung und Rieselung verwendete Wasser selbst,
auf die Innenwand des Gefässes, welches diese Flüssigkeit
beherbergt, den Irrigator, auf den Kanal des Gummischlauches und des Riesel- sowie Spülrohres, durch den
die Flüssigkeit abläuft. Denn mit diesen Objekten tritt
sämtliche Flüssigkeit, bevor sie in die Wunde gelangt, in
Kontakt, und sie würde daher, wenn diese nicht keimfrei
sind, der Gefahr einer Infektion ausgesetzt sein. Weiter
aber hat sich die Asepsis zu erstrecken auf die Klemm-
vorrichtungen, falls diese in Kontakt mit der Flüssigkeit,
oder sonst auf eine andere Weise mit der Wunde selbst
treten. Aber nicht allein der Kanal des Riesel- oder
Spülrohres muss, da dieser direkt mit der Spülflüssigkeit
in Kontakt tritt, vollständig aseptisch sein und bleiben,
sondern auch die ganze Aussenseite desselben, sowie die
Aussenseite des Gummischlauches, von letzterem wenigstens
derjenige Teil, welcher direkt am Rieselrohr angesteckt

ist. Denn diese Gegenstände kommen mit der aseptischen Hand des Assistenten in Berührung, der bald sie anfasst, um den Wasserstrahl zu dirigieren, bald in die Wunde greift. Leicht können daher am Rieselrohr, Spülrohr und Gummischlauch befindliche Keime an die Hand des Assistenten und von dieser in die Wunde gelangen. — Während der Dauer, wo die Irrigation unterbrochen werden soll, legt der Assistent Rieselrohr und Schlauch aus der Hand weg in ein meist entfernt stehendes Porzellanwaschbecken oder, nach Breslauer Muster, in ein spülkannenähnliches am Operationstische angehängtes Gefäss, welches mit antiseptischer Lösung gefüllt ist. Es ist Sorge zu tragen, dass die Innenwand dieses Gefässes und die im Gefässe befindliche antiseptische Lösung vollständig keimfrei ist, damit Rieselrohr, Spülrohr und Schlauch, wenn sie zu erneutem Gebrauche aus ihnen wieder entnommen werden, nicht in ihrer Asepsis gestört sind und Keime von dort an die Hand des Assistenten bringen.

Die nach den bisherigen Methoden üblichen Vorkehrungen bezüglich der Asepsis dieser einzelnen bei der Irrigation zur Verwendung kommenden Objekte ist durchaus ungenügend. Zunächst ist hervorzuheben, dass das zur Irrigation selbst verwendete Wasser nicht sicher keimfrei ist, wenn der Wassersterilisator, in dem es abgekocht wurde, einen Hahn hat, dessen Lumen es beim Austritt passieren musste. Denn der Kanal eines jeden Hahnes, mit dem doch sämtliches Wasser in Berührung tritt, kann, wie im vorhergehenden Abschnitt ausführlich erörtert ist, überhaupt niemals zuverlässig keimfrei gemacht werden. Derselben Beurteilung unterliegt die Keimfreiheit desjenigen Wassers, welches zur Herstellung der antiseptischen Lösung des Gefässes verwendet wird, in dem Gummischlauch, Rieselrohr und Spülrohr während des Nichtgebrauches zeitweilig Aufnahme finden. Es muss gefordert werden, dass das für die Irrigation selbst und das für das Aufbewahrungsgefäss bestimmte Wasser stets nur direkt und

unmittelbar vor der Operation ausgekocht werden soll,
und dies nicht etwa schon Tage vorher geschehen darf.
Denn es würde unmöglich sein, das Wasser während der
langen Zeit, die bis zu seiner Verwendung verstreicht, in
keimfreiem Zustande zu erhalten. Der in trockener Luft
stets vorhandene und immer keimhaltige Staub würde in
die Gefässe, in denen das Wasser aufbewahrt wird, eindringen und dieses infizieren. Bekanntlich ist Wasser
ohnehin ein günstiger Nährboden für viele Mikroorganismen, in dem sie sich rasch vermehren. Die Gefässe aber,
in denen das Wasser aufbewahrt wird, können nicht luftdicht verschlossen werden. Ein luftdichter Verschluss lässt
sich nur durch Verlötung erzielen, diese aber ist nur bei
Blechgefässen möglich. Es ist aber die Verlötung auch hier
praktisch sehr umständlich, und zwar sowohl das Verlöten,
wie auch das Entfernen der Verlötung. Die Glasbehälter mit
eingeschliffenen Glasstöpseln, denen vom Fabrikanten und
Händler so häufig luftdichter Verschluss vindiziert wird, besitzen denselben keineswegs. Stellt man einen solchen nach
festestem Aufdrücken des Glasstopfens in eine Ofenesse,
so findet man beim Wiederherausnehmen desselben sein
Inneres reichlich mit Russ angefüllt. Der blosse Staub
der Luft markiert sich, wenn er eingedrungen ist, freilich
nicht so prägnant dem Auge, da seine Farbe nicht so
scharf schwarz wie die des Russes ist. Deshalb geniessen
leider noch heute diese Gefässe das unberechtigte Vertrauen vieler Aerzte.

Der Zusatz eines Antiseptikums zum Wasser bewirkt
auch nicht die Abtötung etwaiger im zugetretenen Staub
enthaltener Keime. Es würde nur eine keimtötende Kraft
entwickelt werden, falls das Antiseptikum in starker Konzentration zur Verwendung käme, und dann auch nur in
beschränktem Masse nach den bereits früher gegebenen
Darlegungen. Starke Konzentrationen von Antisepticis
aber darf dieses Wasser nicht enthalten, da es zur Irrigation verwendet wird und somit in die Wunde kommt.

Leicht könnte von da aus eine reichliche Aufsaugung in den Blut- und Lymphstrom, und hierdurch eine schwere, bisweilen sogar letale Intoxikation eintreten, abgesehen davon, dass die Wunde selbst in ihren Geweben örtlich geschädigt und die Verheilung dadurch verhindert wird. Man müsste demnach nur ganz schwache antiseptische Zusätze zum Wasser wählen. Diese aber sind eben in Bezug auf die Abtötung der durch den Staub in das Wasser gelangten Keime wirkungslos.

Ausserdem muss uns noch ein Uebelstand die Anwendung der antiseptischen Mittel fraglich erscheinen lassen. An dem Boden des Irrigatorgefässes befindet sich in der Regel zur Befestigung des Gummischlauches ein kurzes Röhrenstück, durch dieses fliesst sämtliche Flüssigkeit ab. Bereitet man die antiseptische Flüssigkeit Tage vorher, so muss der Schlauch angesteckt bleiben, damit die antiseptische Flüssigkeit in den Kanal des Ansatzstückes eindringt und diesen desinfiziert. Gebraucht man dann den Irrigator, so ist der Schlauch wiederum nicht aseptisch, da er frei hing. Auskochen kann man ihn jetzt nicht, da beim Abstecken desselben sofort die Flüssigkeit aus dem Irrigator ablaufen würde. Liess man aber den herabhängenden Schlauch in antiseptische Lösung eintauchen, so ist er, selbst wenn dies tagelang geschah, nicht keimfrei, denn der in trockener Luft stets enthaltene, immer keimhaltige Staub gelangte in überreicher Menge in diese antiseptische Lösung, da das Gefäss, in dem sich diese befand, nicht nur nicht luftdicht war, sondern wegen des hereinhängenden Schlauches sich überhaupt nicht verschliessen liess.

Sehr ungenügend keimfrei wurde bisher ferner immer die Innenwand des Irrigatorgefässes und diejenige des für Schlauch- und Ansatzrohre dienenden Aufbewahrungsgefässes hergestellt. Dass ein Auswaschen solcher Gefässe mit Sublimatlösung nicht genügt, und aus welchen Gründen dasselbe unzureichend ist, habe ich im vorausgehenden

Abschnitt ausführlich dargestellt, so dass ich an dieser Stelle auf Wiederholung verzichten kann. Es müssen deshalb vielmehr beide Gefässe entweder in einen Wasserkessel eingesenkt und gekocht oder in Dampf sterilisiert werden. Trotzdem bleibt es schwierig, nach erfolgter Sterilisation auf die andauernde Erhaltung der Keimfreiheit der Innenwand dieser Gefässe zu rechnen. Denn wir müssen die Entnahme und die weitere Vorbereitung derselben, die in dem Einfüllen des keimfreien Wassers und der Herstellung der antiseptischen Lösung besteht, dem Personale überlassen, da wir selbst nicht Zeit genug zur Vornahme dieser umständlichen Prozeduren haben. Auf die aseptische Logik des Personales aber und auf dessen peinliche Akkuratesse dürfen wir kein allzugrosses Vertrauen setzen, namentlich, da uns zur Ueberwachung solcher langdauernder Prozeduren die Zeit fehlt. Noch möchte ich nicht unerwähnt lassen, dass die Schwierigkeiten der Herstellung der Asepsis mit der Grösse der zur Verwendung kommenden Gefässe zunehmen, und dass umgekehrt, wenn man kleine Gefässe in Anwendung bringt, die Asepsis wiederum dadurch gefährdet wird, dass während der Operation selbst das verbrauchte Wasser erneut aufgefüllt werden muss, ein Umstand, der besonders häufig eintritt, wenn es sich um mehrere nacheinander stattfindende Operationen handelt. Ausdrücklich sei hervorgehoben, dass, wenn man Glas- oder Porzellangefässe anwendet, man der Notwendigkeit von deren Sterilisation nicht etwa enthoben ist. Auch wenn dieselben noch so sauber ausgewaschen und poliert sind, so genügt dies nicht, da Reinlichkeit und Asepsis immer zwei wesentlich getrennte Begriffe bilden.

Weit besser, als mit der Herstellung der Keimfreiheit des Wassers und der Innenwand der Gefässe, stand es bei den bisherigen Methoden mit der Herstellung der Keimfreiheit des Gummischlauches, sowie des Rieselrohres und Spülrohres. Diese Objekte liessen sich ja durch Auskochen keimfrei machen. Die andauernde Erhaltung der Keim-

freiheit aber war ebenfalls schwierig, da man nach dem
Auskochen die weitere Zurichtung der Objekte und ihre
Befestigung am Irrigations-Apparate, die notwendig mit
einer manuellen Berührung derselben verbunden ist, auch
hier dem Gehilfen überlassen musste. — Ein ganz besonderes Bedenken aber hinsichtlich der Asepsis mussten die
Schlauchklemmen erregen. Die bisher bekannten Schlauchklemmen zerfallen nämlich, wie ich schon an anderer
Stelle ausgeführt habe, in solche, die während der ganzen
Dauer, wo das Wasser ausströmen soll, auch komprimiert
werden müssen und in solche, bei denen nur zu Beginn
der jeweilig beabsichtigten Irrigation oder bei deren Unterbrechung, ein einziger Handgriff ist. Die letztere Gattung
von Klemmen, die nur auf kurze Momente eine Hand zur
Bedienung erfordern, haben den Nachteil, dass sie sich
nicht konstant entweder aseptisch oder nicht aseptisch
behandeln lassen. Denn da sie im Schlauche nicht fixier-
bar sind, gleiten sie an diesem hin und her nach der jeweilig tiefsten Stelle desselben, und gelangen somit bald
in die absolut aseptische Gegend des Rieselrohres und der
Hand des Assistenten, bald in die Gegend nach der Mitte
des Schlauches zu, die sich schwer für die Dauer aseptisch
erhalten lässt, indem sie leicht mit nicht desinfizierten
Gegenständen in Berührung kommt. Die Klemmen der
ersten Gattung dagegen haben den Vorzug, dass sie nicht
am Schlauche hin- und hergleiten und sich demgemäss
streng entweder aseptisch oder nicht aseptisch behandeln
lassen. Der Nachteil aber, dass sie beständig eine Hand
zu ihrer Bedienung erfordern, ist gross. Kocht man sie
aus und steckt sie dicht hinter dem Rieselrohr an, so fällt
diese Funktion der Hand des Assistenten zu, welche bereits durch die Führung des Rieselrohres beansprucht
wird. Steckt man dagegen die Klemme abseits vom
Rieselrohr an dem Teil des Schlauches an, der sich so
wie so schwer aseptisch halten lässt, und beabsichtigt man
somit, sie von vornherein als nicht aseptischen Gegenstand

zu behandeln, so ist alsdann die Hand einer, wenngleich
nicht desinfizierten Person ausschliesslich zur Bedienung
der Klemme und zwar andauernd nötig. Unangenehm ist
ferner, dass hierbei die nicht aseptische Person dicht an
den aseptischen Assistenten zu stehen kommt. Immerhin
lässt sich die Klemme konstant entweder aseptisch oder
nicht aseptisch behandeln. — Hähne an Stelle von Klemmen gebrauchen zu wollen, ist vom aseptischen Standpunkte aus vollkommen inkorrekt, da deren Lumen sich,
wie bereits im vorangehenden Abschnitt erörtert ist, in
keinem Falle aseptisch machen lässt.

Aus alledem geht deutlich hervor, dass die nach den
bisher üblichen Methoden der Asepsis zubereiteten Spülflüssigkeiten, obwohl dies so ausserordentlich dringend
nötig ist, durchaus nicht keimfrei sind, wenn sie in die
Wunde gelangen.

3. Tupf- und Verband-Material, Watte.

Wesentlich anderer Art, jedoch durchaus nicht einfacher und sicherer, sind die Vorbereitungen, die man
gegenwärtig zur Herstellung der Asepsis hinsichtlich des
Tupf- und Verbandmaterials sowie der Watte trifft.

Uebereinstimmung herrscht unter allen Forschern,
dass wir zur Reinigung der Wunde während der Operation nicht Schwämme gebrauchen sollen, da dieselben mit
Sicherheit überhaupt nie aseptisch zu machen sind. Die
vielen ganz ausserordentlich zeitraubenden und umständlichen Prozeduren, die zur aseptischen Vorbereitung derselben angegeben sind, und die eine tagelange, umsichtige
Bearbeitung erfordern, schildert *Jaffé*-Posen vorzüglich. —
Die Hände dritter Personen sind hierbei mehr wie bei
jeder anderen Präparation beteiligt. Schwämme können
leider nicht ausgekocht oder in Dampf sterilisiert werden,
da sie hierdurch einschrumpfen und unbrauchbar werden.
Des Näheren brauche ich an diesem Orte hierauf nicht
einzugehen. An Stelle der Schwämme hat Verbandgaze als

Tupfmaterial für die Wunde eine ausgedehnte Verwendung gefunden. Dieselbe wird in Stücken zurecht geschnitten und dann aseptisch gemacht. Watte gebraucht man als Tupfmaterial nicht, da deren einzelne Fasern in der Wunde festhaften, dagegen wird sie, nachdem sie keimfrei gemacht ist, ganz zweckmässig in antiseptische Lösung getaucht und dient zur desinfizierenden Abreibung des Operations-gebietes unmittelbar nach dessen mechanischer Reinigung. Das Operationsfeld selbst wird mit Handtüchern, oder be-sonders für diesen Zweck geformten Leinentüchern um-grenzt, damit nicht die aseptischen Hände, Instrumente und Tupfer mit der nie ganz aseptischen Umgebung in Berührung kommen, und der Eintritt von Keimen aus dieser Gegend in die Wunde verhindert wird. Diese Tücher müssen absolut keimfrei sein.

Will man die Hände direkt vor der Operation ab-trocknen, nachdem man sie eben in antiseptischer Lösung abgebürstet hat, so müssen die dazu verwendeten Hand-tücher allerdings auch absolut keimfrei sein, damit die eben aseptisch gemachten Hände nicht etwa von ihnen aufs neue infiziert werden. Die aseptische Vorbereitung der eben genannten Objekte, der Gazetupfer, der Watte und der Handtücher, geschieht ebenso wie diejenige ver-schiedener anderer, im Nachfolgenden erwähnter Gegen-stände mittels Sterilisation in Wasserdampf in einem eigens dazu eingerichteten sogenannten Dampfsterilisator. Diese Dampfsterilisatoren sind Apparate von mannigfal-tigster Konstruktion, die in zahlreichen Modellen in den Katalogen der Instrumentenmacher abgebildet sind.

Die betreffenden Objekte befinden sich in einem ab-geschlossenen Raume innerhalb des Dampfsterilisators. Der Dampf dringt in denselben durch eine Oeffnung ein und verlässt ihn durch eine an der entgegengesetzten Seite angebrachte Austrittsöffnung. Auf seinem Wege vom Ein-tritt bis zum Austritt gelangt er an die Objekte und in dieselben hinein. Diese müssen wenigstens 30—45 Minuten

lang vom Dampf durchdrungen werden, ehe sie keimfrei
sind. Nachdem der Sterilisationsprozess beendet ist, werden
die Objekte dem Sterilisator einzeln entnommen. Hierbei
ist grosse Vorsicht nötig, damit nicht durch fehlerhafte
Handgriffe eine Berührung der sterilisierten Gegenstände
mit nicht aseptischen Gegenständen statthat. Die Gazetupfer befinden sich ja in einer Blechbüchse und sind der
Gefahr eines gefährlichen Kontaktes nicht so leicht ausgesetzt, selbst wenn die die Blechbüchse anfassende Hand
nicht absolut aseptisch ist, wofern sie nur nicht, wie man
dies leider häufig sieht, die Innenwand des Gefässes berührt.

Dagegen müssen die Handtücher mit absolut aseptischer Hand angefasst und herausgelangt werden, ebenso
die Bürstchen, welche zum Einlegen in die mit antiseptischer Lösung gefüllten Schüsseln bestimmt sind. Vergl.
Abs. 1. I. Teil. Am besten übernimmt der Arzt diese
Mühewaltung selbst, oder er muss der Asepsis der Hände
dritter Personen und deren nie logisch geschultem Ver-
stande vertrauen. Gar häufig aber werden sich dann auch
hier durch unüberlegte Handgriffe und Unachtsamkeit
Fehler einschleichen.

Es lässt sich nicht leugnen, dass diese Selbstbedie-
nung den Arzt in unbequemer Weise beansprucht und
seine Aufmerksamkeit von anderen mindestens ebenso
wichtigen Dingen abzieht, die er vorzunehmen hat. Ein
weiterer Umstand aber, der ebenfalls nicht zur Empfehlung dieser Methode dient, besteht darin, dass der Arzt
während der ganzen Dauer der Dampfsterilisation, wenn
er die Arbeit nicht selbst vornimmt, wenigstens anwesend
sein möchte, um sich zu überzeugen, dass dieselbe wirklich volle 30—45 Minuten durchgeführt wird. Jeder erfahrene Arzt wird mir beistimmen, dass wir auch hierin
nicht dem Personal trauen dürfen. Die lange Zeit vor
der eigentlichen Operation, die die Anwesenheit des Arztes
erfordert, ermüdet denselben zweifellos. Man hat daher

vorgeschlagen, die Gazetupfer gleich für eine Reihe von Operationen auf einmal, in einzelnen Büchsen verpackt zu sterilisieren, die Büchsen zu verschliessen und verschlossen aufzubewahren. *Schimmelbusch* hat in sinnreicher Weise runde Blechbehälter für diesen Zweck angegeben. Durch einfache Drehung des Deckels, dessen Seitenränder durchlocht sind, werden dieselben für den Durchtritt des Dampfes bald geöffnet, bald geschlossen. Indessen haben Verbandstoffbehälter nicht die Eigenschaft luftdicht zu schliessen, es dringt vielmehr leicht in dieselben Staub ein. Auch, wenn sie noch so sorgfältig angefasst werden, verbiegen sich Deckel und Wandungen der Büchse. Obgleich dies nur in ganz geringem und dem Auge kaum wahrnehmbarem Grade geschieht, so ist hierdurch doch die Kongruenz des Verschlusses aufgehoben und Staub dringt leicht ein. Stellen wir eine solche gut gearbeitete und mit schneeweisser gebleichter Gaze gefüllte Verbandstoffbüchse wenige Minuten lang in die Essenröhre, besonders wenn die betreffenden Oefen geheizt werden, so zeigt sich, wenn wir den Behälter wieder herausnehmen und vorsichtig öffnen, der feine schwarze Russ auf den weissen Tupfen ganz deutlich. Dies ist aber gar nicht zu verwundern, schliessen doch die dicksten Thüren an vorzüglich und meisterhaft gearbeiteten Schränken, obwohl Holz viel kohärenter und vor allem nicht biegbar wie das Metall einer Büchse ist, durchaus nicht den Staub ab.

Will man daher Gaze auf Vorrat sterilisieren, so müssen die einzelnen Büchsen sofort nach der Sterilisation verlötet werden, und die Verlötung darf erst direkt vor dem Gebrauche wieder entfernt werden. Eine andere Art des staubdichten Verschlusses, die Dichtung der Büchsenränder mit öligen Massen kommt nicht in Betracht, da diese selbst nur ausserordentlich schwer oder, richtiger gesagt, gar nicht aseptisch zu machen sind. Es müssen also Gaze und Watte direkt vor jeder Operation sterilisiert werden.

Muss man in der Privatwohnung einer Patientin arbeiten und befördert man die Verbandstoffe in verschlossenen Blechbüchsen, selbst wenn sie verlötet sind, an Ort und Stelle, so können dort nach ihrer Eröffnung durch Unvorsichtigkeit oder tückischen Zufall die für eine Laparotomie bestimmten Tupfer mit ihrem Behälter umgestossen werden und so mit nicht aseptischen Körpern in Berührung gelangen. Der Operateur ist dann in fatalster Lage. Einen zuverlässigen Sterilisator hat er nicht zur Hand, die Sterilisation würde auch zu lange Zeit beanspruchen. Besonders störend wäre der Unfall, wenn er während der Operation selbst geschieht, da dieselbe doch nicht auf $^3/_4$ Stunde lang plötzlich unterbrochen werden kann. —

Eine weitere Frage, die von hervorragender Bedeutung ist, ist nur die, ob die im Dampfsterilisator sterilisierten Objekte wirklich für keimfrei zu halten sind. Bewiesen ist, dass der direkt aus dem Wasser aufsteigende Dampf an der Stelle, wo er das Objekt unmittelbar trifft, es auch sicher und fast ebenso schnell, als das kochende Wasser dies thut, keimfrei macht. Es dürfte auch nicht zweifelhaft sein, dass er das Innere des Objektes ebenso sicher keimfrei macht, vorausgesetzt, dass er dasselbe in allen seinen Teilen während der ganzen Desinfektionsdauer voll und ganz durchdringt. Diese Voraussetzung ist freilich die Hauptsache, auf die alles ankommt. Um ein rasches und sicheres Eindringen des Dampfes in die Objekte zu ermöglichen, hält man es gegenwärtig auf Grund zahlreicher, besonders der von *Frosch* und *Klarenbach* angestellten Versuche allgemein für nötig, dass der Dampf in den Desinfektionsraum von oben her eindringen und die Abzugsöffnung sich am Boden des Gefässes befinden müsse. Dringt der Dampf von unten ein, so dass die Abzugsöffnung sich oben befindet, so vermag er, da Dampf specifisch leichter als Luft ist, diese nicht oder doch nur sehr langsam aus den Objekten auszutreiben. Indessen benutzte *Koch* bei seinen bahnbrechenden Versuchen gerade von unten aufsteigenden Dampf mit vollem Erfolge. Er verwendete allerdings nur einen kleinen Sterilisator. Man fordert daher auch nur für grössere Apparate die Vorrichtung des von oben einströmenden Dampfes, wobei freilich eine Grenze zwischen grossen und kleinen Apparaten nicht angegeben wird. Immerhin erscheint es recht fraglich, ob der Dampf, selbst bei der Vorrichtung, dass er von oben einströmt, wirklich die Objekte in der Weise, wie dies gewöhnlich angenommen wird, durchdringt. Beachtet man nämlich, dass der Dampf von der Eintrittsöffnung bis zur Austrittsöffnung doch zunächst den direktesten und einfachsten Weg aufsucht und eher durch die Lücken zwischen den einzelnen Objekten hindurch als durch diese selbst nach dem Ausgang sich hindrängt, so erscheint das unbedingte Vertrauen auf diese Annahme doch recht sehr gewagt, namentlich, wenn es sich um mehrere Lagen aufeinander geschichteter Tücher oder um in Beutel verpackte und ziemlich fest aneinander gedrängte Wäsche- oder Gazestücken handelt. Vor allem scheint aber die Schwierigkeit mit der Anzahl der Objekte zu wachsen. Es haben daher — offenbar nur im Gefühle dieser Unsicherheit — selbst die eifrigsten Verehrer der Dampfsterilisation den Rat gegeben, Objekte, auf deren absolute Keimfreiheit es ankommt, wie Tupfer sowie überhaupt alle Gegenstände, die mit der Operationswunde direkt in Berührung kommen, nicht in einem grossen Sterilisator mit den für die Krankenzimmer bestimmten Betten und der Wäsche zusammen, sondern in einem kleinen Apparate für sich, und zwar möglichst locker aufeinander geschichtet zu sterilisieren.

Weiter aber ist bemerkenswert, dass die verschiedenen Forscher sich bis jetzt noch nicht endgültig dahin haben einigen können, ob der ruhende oder strömende Dampf eine bessere keimtötende Wirkung hat. Fast allgemein angenommen zu sein scheint, dass der gesättigte Dampf

allein in Frage kommt, während der überhitzte fast ganz
wirkungslos ist. Dass der unter Ueberdruck stehende, sogenannte gespannte Dampf die grösste und schnellste keimtötende Wirkung hat, ist einwandfrei bewiesen. Jedoch
stellen sich dessen Anwendung die allergrössten Schwierigkeiten entgegen, so dass er überhaupt für die Praxis fast
gar nicht in Betracht kommt.

Der jeweilig im Apparat vorhandenen Spannung des
Dampfes muss nämlich in jedem Augenblicke die Temperatur desselben gemäss der nach *Regnault* festgesetzten
Tabelle entsprechen. Andernfalls hat man es mit blossem
überhitzten und fast vollständig unwirksamen Dampfe zu
thun. Die Explosionsgefahr solcher Apparate ist weiterhin
eine grosse und bedürfen dieselben einer polizeilichen Ge-
nehmigung. Man hat daher von den unter Ueberdruck
arbeitenden Apparaten ganz abgesehen.

Ferner ist es sehr fraglich, ob, wie dies bei dem bekannten Apparate nach *Schimmelbusch* geschieht, der von
verschiedenen Forschern eine recht abfällige Kritik gefunden hat, die Objekte vor dem Eindringen des Dampfes
vorerwärmt sein dürfen, ohne dass dadurch die Sicherheit
der Sterilisation gefährdet wird. Man hat zu der Vorerwärmung gegriffen, weil sonst die Objekte nach erfolgter
Sterilisation nass sind. Trocken wünschte man sie aber
wegen der jetzt üblichen Methode der Trockenbehandlung
der Wunden, ferner aber auch, weil, wenn man die Verbandstoffe auf Vorrat sterilisieren will, und dieselben nass
sind, die Blechbüchsen, in denen sie sterilisiert wurden
und aufbewahrt werden sollen, sonst leicht rosten würden.
Braatz und *Rohrbeck* verneinen auf Grund ihrer ausgedehnten Versuche die Frage, ob eine Vorerwärmung unbeschadet
der Sicherheit der Desinfektion stattfinden darf, auf das
entschiedenste.

Aber auch abgesehen von alledem bleibt die Handhabung der Sterilisation mit Dampf durchaus nichts einfaches. Zeigt das Thermometer des Sterilisators 100 ° C.

und entströmt der Abzugsöffnung des Apparates Dampf, so ist damit keineswegs bewiesen, dass der Desinfektionsraum des Apparates und die in ihm untergebrachten Objekte mit gesättigtem Dampf von 100 ° C., der für eine wirksame Desinfektion gefordert wird, erfüllt sind, da das Ansteigen des Thermometers ebensogut bedingt sein kann durch blosse Erhitzung der Luft, die an einzelnen Stellen im Innern des Apparates erfolgt. Bekanntlich aber besitzt Luft von 100 ° C. eine keimtötende Wirkung so gut wie gar nicht. Dieselbe müsste zu diesem Zwecke vielmehr 140 ° C. aufweisen und würde erst nach 3 Stunden ihrer Anwendung denselben Erfolg erzielen, den der gesättigte Dampf innerhalb 30 Minuten verbürgt. Um daher sicher zu sein, dass gesättigter Dampf von 100 ° C. im Sterilisationsraum vorhanden ist, bedarf es dringend einer Manometervorrichtung, die die meisten von der Industrie auf den Markt gebrachten Apparate leider vollständig entbehren. Unbedingt nötig ist nun aber in allen Fällen eine beständige und genaue Kontrolle zwischen Thermometer und Manometer, damit man während der Sterilisation jeden Augenblick sicher ist, dass man es mit gesättigtem Dampfe zu thun hat. Da alle und zwar auch die besten Apparate von Zeit zu Zeit unzuverlässig arbeiten, so muss diese Kontrolle bei jeder einzelnen Sterilisation und zwar während der ganzen Dauer derselben aufs sorgfältigste stattfinden. Auch müssen noch ausserdem Vorrichtungen im Apparate vorhanden sein, die es gestatten, bei einem inmitten der Sterilisation untergelaufenen Fehler dieser Art die Sterilisation selbst sofort zu unterbrechen und den Fehler zu korrigieren. Diese Verhältnisse findet man eingehend geschildert bei *Braatz*, Grundlagen der Aseptik, pp. 32—60, Stuttgart, Ferd. Enke; vergleiche auch als besonders lehrreich *Rohrbeck*: »Die für eine zuverlässige Desinfektion mit Wasserdampf notwendigen Bedingungen,« Berlin, Selbstverlag.

Ein solcher sicher arbeitender Apparat ist aber recht

kostspielig. Das Reinigen desselben ist umständlich und zeitraubend. Häufige Reparaturen werden nötig. Inzwischen aber kann man den Apparat, der dann oft gerade recht nötig gebraucht wird, nicht anwenden. Der Arzt kann sich nicht vor jeder Operation stundenlang hinsetzen zur Ueberwachung der Sterilisation, die volle Aufmerksamkeit beansprucht, und ist gezwungen, diese wichtige Handlung dritten, meist nicht ärztlichen Personen anzuvertrauen und auf deren Zuverlässigkeit zu bauen. Wollte er, um die Sterilisation selbst vornehmen oder wenigstens überwachen zu können, die Verbandstoffe auf Vorrat für mehrere Tage oder Wochen sterilisieren, so würde dies nicht weniger umständlich sein, denn er müsste, wie oben ausgeführt ist, die die sterilisierenden Gegenstände enthaltenden Blechbüchsen verlöten, um staubhaltige Luft mit Sicherheit für die Zeit, die von der Sterilisation an bis zum Gebrauche vergeht, abzuschliessen. Bei Unterlassung einer Verlötung hätte er auch weiterhin keine Garantie, dass das Personal inzwischen nicht inkorrekt an den Blechbüchsen und deren Inhalt verfahren würde.

Dies sind wenigstens im wesentlichen die Unsicherheiten, die der Sterilisation mittels Wasserdampf trotz eifriger Forschung noch anhaften, und die Unbequemlichkeiten sowie der Zeitverlust, der durch ihre Vornahme bedingt wird. Frägt man nun, welche Vorteile die Sterilisation mit Wasserdampf vor dem blossen einfachen Auskochen in Wasser bietet, so erhält man die Antwort, dass der einzige Vorzug darin besteht, dass die Verbandstoffe trocken bleiben. Hierauf ist zu erwidern, dass die zu diesem Zwecke getroffene Einrichtung der Vorerwärmung, wie bereits oben angedeutet, in der Weise, wie sie jetzt angewendet wird, eine Gefahr für die Sicherheit der Sterilisation selbst bietet, und dass diejenigen zu gleichem Zwecke getroffenen Vorkehrungen, die die Sicherheit der Sterilisation nicht gefährden, die Prozedur der Dampfsterilisation noch weit umständlicher machen, als sie schon ohnehin ist. Weiterhin aber ist von erheblicher Wichtigkeit, dass gerade bei den Operationen, die die exakteste Asepsis erfordern, den Bauchschnitten, bei denen das Peritoneum eröffnet wird, nach den Untersuchungen von *Walthard* die trockene Verwendung der Tupfer direkt zu verwerfen, und an ihre Stelle auf das entschiedenste die Feuchtigkeit zu setzen ist. Vergl. *Walthard*, Korrespondenzblatt für Schweizerische Aerzte 1894. — Das Peritoneum verlor bei den angestellten Tierversuchen unter Verwendung der ausschliesslich trockenen Behandlung direkt seinen Glanz und nahm eine matte Färbung an. Die obersten Flächen des Epithels wurden nekrotisch und zeigten eine hervorragende Neigung miteinander zu verkleben. Es entstand leicht Ileus. Die Ausführungen von *Walthard*, von deren Richtigkeit wir uns teilweise durch Augenschein bei Gelegenheit einer Laparotomie am Menschen überzeugen können, haben die Beachtung hervorragender Gynäkologen gefunden. Vergl. *Sänger* Asepsis 1894 pag. 40.

Will man nun, um den Forderungen *Walthards* gerecht zu werden, die trockenen und sterilisierten Tupfer nachträglich wieder in Kochsalzlösung, die doch auch wieder für sich sterilisiert sein muss, tauchen, so verfährt man in der denkbar umständlichsten Weise und gefährdet die Asepsis durch die neu hinzukommende Zahl der hierdurch notwendig gewordenen Handreichungen. Die Asepsis der die Kochsalzlösung enthaltenen Schüssel unterliegt nämlich denselben Schwierigkeiten, die oben bei Herstellung der Desinfektionslösung für die Haut erörtert sind. Vergl. I. Teil Abs. 1. — Jedenfalls sollte man den Sterilisator weglassen und die Tupfer gleich von vornherein in der Kochsalzlösung kochen. Einfacher und sicherer werden sie dadurch gewiss sterilisiert.

Für die grössten Operationen ist also Feuchtigkeit nötig. Ob nun für die kleineren Operationen die Feuchtigkeit sich so gefährlich, wie behauptet wird, zeigt, ist noch

nicht bewiesen. Wenigstens glauben hervorragende Operateure nicht daran. Ob man nun lediglich zu dem geringen und offenbar doch wenig wichtigen Zwecke, die
Tupfer trocken zu erhalten, die überaus umständliche,
zeitraubende und dabei noch unsichere Sterilisation in
einem Sterilisator vornehmen soll, muss verneint werden.
Neubert, der Vater der Asepsis in Deutschland, kocht die
Tupfer zugleich mit allen anderen Gegenständen, die mit
der Operationswunde in Berührung kommen können, in
einem grossen Wasserkessel aus. Er verwirft prinzipiell
die Anwendung aller Dampfsterilisatoren überhaupt und
vermeidet dadurch die Unsicherheit ihrer Wirkung sowie
die mit ihrer Anwendung verbundene Umständlichkeit.
Jedoch bleiben alle diejenigen anderen Fehlerquellen, die
den bisherigen Methoden der Asepsis anhaften, auch bei
Neuberts Methode bestehen. Nachträglich, nachdem sämtliche Objekte gekocht worden sind, müssen dieselben
nämlich genau wie bei der Dampfsterilisation dem Dampfsterilisator, so hier dem Kochtopf entnommen und in bereit gestellte kleinere Schüsseln, Töpfe oder Schalen gelegt
werden. Denn während der Operation würde die Entnahme derselben aus einem so grossen Kessel, wo die Objekte sich miteinander vermengen, zu zeitraubend und
umständlich sein. Das Herauslangen der Objekte aus dem
grossen Behälter muss aber mit absolut keimfreier Hand
geschehen und möchte vom Arzte selbst vorgenommen
werden, und zwar wieder wegen der bekannten Unzuverlässigkeit der Asepsis dritter Personen. — Die Innenflächen
der kleineren Gefässe, in denen die ausgekochten Gegenstände untergebracht werden, müssen nun ebenfalls absolut keimfrei sein. Dass zur Erreichung dieses Zweckes
das Auswaschen derselben mit Seife, Wasser oder
einer antiseptischen Lösung nicht genügt, habe ich
oben eingehend bei der Herstellung antiseptischer Lösungen auseinandergesetzt. Das Auskochen der Schüsseln in einem ganz grossen Kessel würde in der Wir-

kung sicher, jedoch ebenfalls sehr umständlich sein. Beim
Herauslangen der Gefässe, das auch wiederum nur
das Personal übernehmen könnte, würden leicht fehlerhafte Handgriffe unterlaufen, indem die nicht zuverlässig
aseptischen Finger mit dem Innern der Schüssel in Berührung kommen. Die Gefässe müssen an ihrer Aussenseite abgetrocknet werden. Hierbei gelangen besonders
leicht die Daumen in die Innenseite derselben, die doch
absolut keimfrei bleiben muss. Das Wasser, das zu den
in den Gefässen herzustellenden antiseptischen Lösungen
verwendet wird, ist, wie bereits im I. Teil Abs. 1 ausführlich erwähnt, ebenfalls schwer keimfrei zu machen und
zu erhalten. Auf dem weiten Wege, den die Tupfer und
das Wasser nach erfolgter Abkochung bis zur Anwendung
in der Bauchhöhle zurückzulegen haben, können sich,
wie bereits des Näheren ausgeführt ist, viele Fehler einschleichen.

4. Naht- und Unterbindungs-Material.

Unter dem verschiedenfachen Material, welches im
Laufe der Zeit zur Naht und Unterbindung verwendet
worden ist, haben sich auf die Dauer nur Seide, Silberdraht, Silkworm und Catgut zu halten vermocht. Für
diejenigen Ligaturen und Unterbindungen, welche absolut
aseptisch sein müssen, weil sie, wie beispielsweise bei
Bauchschnitten, versenkt werden und im Organismus zurückbleiben, kommt nur Seide und Catgut in Betracht. Silberdraht und Silkworm haben weniger Verwendung gefunden,
weil sie schwer oder gar nicht resorbierbar und vor allem
zu hart und spröde sind. Seide, Silberdraht und Silkworm vertragen das Auskochen im Wasser und die Sterilisation im Wasserdampf. Catgut dagegen wird durch beide
Prozesse vollständig zerstört und löst sich zu einer gallert-
artigen Masse auf.

Leider hat sich zur Zeit für die Sterilisation des Catgut noch keine absolut sichere physikalische Methode, die

für die Praxis verwertbar wäre, ausfindig machen lassen, und müssen wir noch immer auf die antiseptische Präparation mit chemischen Stoffen zurückgreifen, als deren beste die *v. Bergmann*sche Methode der Einlegung in Sublimat-Alkohol gilt, welche *Schimmelbusch* näher beschreibt. Es lässt sich aber, auch wenn man, wie *Braatz* dies will, den Sublimat-Alkohol mit Sublimatwasser vertauscht, eine absolute Keimfreiheit, wie dies für alle chemischen Desinfektionsmittel gilt, nicht verbürgen. *Braatz* hat zwar beim Catgut, indem er es in einem eigenen, sinnreich konstruierten Trockenschrank auf 140° trocken erhitzt und bei dieser Temperatur gegen 2 Stunden lang erhält, vollständige Keimfreiheit erzielt. Allein die Anwendung dieses Apparates in der Praxis will uns bei dessen umständlicher und zeitraubender Bedienung wenig zweckmässig erscheinen, besonders da die Vorbedingung des Erfolges eine vollständige Wasserfreiheit des Catgut ist, die nur durch langsames Erwärmen und allmähliches Ansteigen der Temperatur auf 140° C. innerhalb mehrerer Stunden möglich ist. Wir müssen deshalb gegenwärtig die Seide als das noch alleinige Material bezeichnen, welches sowohl am schnellsten und sichersten aseptisch zu machen ist als auch dabei infolge seiner Weichheit ohne Schaden im Körperinnern zurückgelassen werden darf und dort zum Unterschied von Silberdraht und Silkworm am leichtesten der Resorption oder Abkapselung anheimfällt. — Seide also verträgt die stärksten physikalischen Keimtötungsprozesse, das Auskochen in Wasser sowie die Sterilisation im Wasserdampf. Frägt man aber weiter nach der bisher üblichen Art und Weise der Anwendung dieser aseptischen Prozeduren, so erhält man wenig befriedigende Auskunft. Der grössere Teil der Praktiker wickelt die Seide noch heute auf Glasröllchen und kocht dieselben längere Zeit in Wasser oder wässeriger antiseptischer Lösung aus. Nach dem Auskochen werden die Glasröllchen in einem eigenen Glasbehälter, der mit antiseptischer Flüssig-

keit angefüllt ist, aufbewahrt. Der Vorrat ist berechnet
auf eine Reihe von Operationen. Während der Operation
ergreift der Operateur oder Assistent die freien Fadenenden, zieht dieselben an und rollt nacheinander Fäden
von jeweilig gewünschter Länge ab, die er dann mittels
Schere lostrennt.

Diese aseptische Vorbereitung und Handhabung ist
ausserordentlich unsicher und sehr umständlich. Zunächst
müssen selbstverständlich die Glasbehälter ausgekocht oder

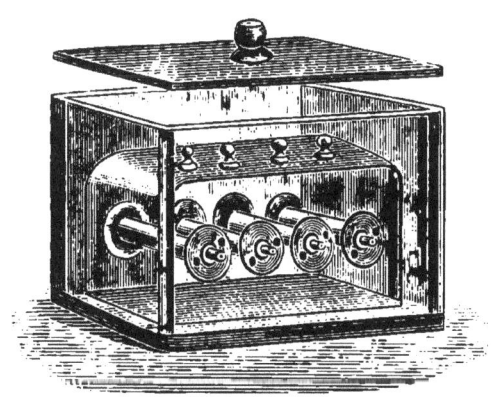

Fig. 4.

in Dampf sterilisiert sein. Würden deren innere Wandungen Keime enthalten, so könnten diese unter Vermittelung der antiseptischen Flüssigkeit leicht an die ausgekochten Fäden gelangen, und sie würden hierzu während
der langen Zeit der Aufbewahrung reichlich Gelegenheit
finden. Die antiseptische Flüssigkeit würde diese Keime
nicht abtöten, da ihre Wirkung, wie in den voranstehenden
Abschnitten genügend erörtert ist, dazu viel zu schwach
ist. Ja das Wasser, welches zur Herstellung dieser antiseptischen Lösung verwendet wird, muss selbst erst durch
Abkochen sterilisiert werden, weil die Kraft des Antiseptikums nicht einmal dazu ausreicht, das Wasser keimfrei
zu machen. Es liegen hier dieselben Bedingungen vor,
die oben bei Herstellungen einer antiseptische Flüssigkeit enthaltenden Desinfektionsschüssel erörtert worden

sind. Vergl. I. Teil Abschnitt 1. Durch die einzelnen
Handhabungen aber, die eine solche Vorbereitung erfordert,
können leicht fehlerhafte aseptische Handgriffe unterlaufen, besonders, wenn sie vom Personal unternommen
werden. Es muss auch betont werden, dass die antiseptische Lösung nicht etwa imstande ist, diese untergelaufenen
Fehler nachträglich, etwa während der Zeit der Aufbewahrung der Seide irgendwie zu paralysieren. Weiter
schliessen aber die Glasdeckel solcher Behälter niemals
luftdicht. Der in trockner Luft stets vorhandene Staub,
der regelmässig keimhaltig ist, dringt während der Auf-
bewahrungszeit ein. Die Verkorkung, welche zum Verschluss von Glasgefässen immerhin noch praktisch das
beste und einfachste Mittel ist, geht hier wegen der Grösse
der Oeffnung solcher Nahtbehälter nicht an. Die Korke
müssten sehr gross und unverhältnismässig flach sein.
Hierdurch würden sie weniger sicher schliessen und weniger
leicht zu handhaben sein, als dies sonst der Fall ist.

Eine fernere und bei weitem noch viel grössere Klippe
bietet die Entnahme der Fäden während der Operation
selbst. Setzen wir den Fall: der Operateur oder der Gehilfe, welcher die Fäden entnimmt, habe nicht absolut
aseptische Hände, oder die Pincette und Schere, die er
dabei gebraucht, sei nicht absolut keimfrei. Durch Kochen
waren dieselben im Anfang der Operation ja steril, im
Verlaufe derselben aber blieben sie durch bereits statt-
gefundene Verwendung aus irgendwelchen ausser der
Macht des Operateurs liegenden Gründen nicht mehr
keimfrei. Jetzt werden nun Infektionsstoffe in die antiseptische Lösung des Nahtbehälters verschleppt. Die
antiseptische Lösung ist nicht stark genug, diese Keime
zu töten. Dieselben haben vielmehr Gelegenheit, sich in
der Zeit, die bis zur Vornahme der nächsten Operation
verstreicht, üppig zu vermehren. Gelangt nun gar, wie
das bisweilen unvermeidlich ist, ein Tropfen Blut oder Ge-
websflüssigkeit in die antiseptische Lösung, so wird der

Nährboden für die Entwicklung solcher Keime nur ver-
bessert. Die stärksten Sublimatlösungen sind bereits nach
wenig Tagen stark keimhaltig und die Verhältnisse werden
daher auch nicht wesentlich besser, wenn man nach jedesmaligem Gebrauche die antiseptische Lösung erneuert, abgesehen von den Umständlichkeiten, die, wie oben erwähnt
ist, durch die notwendige Sterilisation derselben er-
wachsen.

Es ist deshalb unter allen Umständen diese Methode
zu verlassen, obgleich sie auch heute noch die unter den
Praktikern am weitesten verbreitete ist. Weit besser ist
das von *Schimmelbusch* empfohlene Verfahren, der die Seite
direkt vor der Operation und zwar vor jedesmaligem Gebrauche derselben sterilisiert. Er bedient sich hierzu der
Sterilisation in Wasserdampf. Sicherer und schneller ist,
wie oben erwähnt, das Abkochen im Wasser. Sehr sinnreich sind die von *Schimmelbusch* gebrauchten Röllchen,
auf welche die Seide aufgewickelt wird. Vergl. Fig. 7.
Um dem Dampf einen möglichst bequemen Zutritt zu gestatten, besteht die Achse der Rolle nicht wie bei den
bisher üblichen Glasröllchen aus einem soliden Cylinder,
der nur hier und da einige Bohrlöcher besitzt, sondern sie
wird durch mehrere parallele Stäbchen gebildet, die unter-
einander einen weiten Raum lassen. Einzelne Praktiker
legen die Seide, nachdem sie in Dampf sterilisiert oder in
Wasser abgekocht ist, noch nachträglich während der
Dauer der Operation in eine mit antiseptischer Lösung
bereitstehende Schale ein. Bei diesem Verfahren muss
gefordert werden, dass die Innenwand dieser Schale selbst
und das zur Lösung verwendete Wasser vorher vollständig
keimfrei gemacht wurden. Wie umständlich und zeitraubend dies ist, und wie sehr durch die hierbei nötigen
Handgriffe die Sicherheit der Asepsis gefährdet werden
kann, habe ich oben bei der Herstellung einer mit antiseptischer Lösung gefüllten Desinfektionsschüssel des Näheren auseinandergesetzt. Vergl. I. Teil Abs. 1.

5. Metallinstrumente.

Ich komme zur aseptischen Vorbereitung der Instrumente. Auch der hierbei üblichen Methode können wir,
wie sie gegenwärtig geübt wird, Vorwürfe der Umständlichkeit und Unsicherheit nicht ersparen. Die Instrumente
werden in einem meist eigens dazu bestimmten Gefässe
in Sodalösung 5—15 Minuten lang abgekocht und dadurch mit Sicherheit keimfrei gemacht. Hierauf werden
sie in besondere Instrumentenschalen, die mit antiseptischer Lösung gefüllt sind, eingelegt und während der Operation aus diesen entnommen. Diese Instrumentenschalen
müssen Gefässe mit langer und breiter Bodenfläche sein
und möglichst niedrige Ränder haben, um den Zweck zu
erfüllen, dass sie die Ausbreitung der Instrumente ermöglichen, und dieselben hierdurch leichter ergreifbar werden.
    Während des Abkochens liegen die Instrumente ent-
weder frei im eigentlichen Kochgefäss, oder sie werden
in Drahteinsätze eingelegt und mit diesen zugleich in die
kochende Sodalösung eingesenkt. Im ersten Falle müssen
sie nachträglich entweder mit wohl aseptischer Hand oder
einem sterilen Instrumente, jedenfalls aber einzeln herausgehoben werden, wobei stets ein grosser Zeitverlust entsteht. Im andern Falle hebt man sie mit den Einsätzen
zugleich, in denen sie liegen, mit einem oder einigen
wenigen Handgriffen heraus. Der Zeitverlust fällt hier so
gut wie ganz fort, besonders wenn Instrumente und Einsatz zusammen auch weiterhin in die bereitstehende mit
antiseptischer Flüssigkeit gefüllte Instrumentenschale eingesenkt werden. Entnimmt man sie dagegen einzeln den
Einsätzen, um sie einzeln in die Instrumentenschalen zu
legen, so spart man nur wenig Zeit.
    Eine Hauptschwierigkeit bietet die Vorbereitung dieser
Instrumentenschalen, deren Innenwandung vorher vollständig keimfrei — entweder durch Abkochen in Wasser,
oder durch Sterilisation mit Wasserdampf — gemacht

werden muss, ferner die Herstellung einer absoluten Keimfreiheit des zur antiseptischen Lösung verwendeten Wassers. Beide Prozeduren sind von demselben Gesichtspunkte aus zu betrachten und nach demselben Regime vorzunehmen, welche oben bei der Herstellung einer mit antiseptischer Lösung gefüllten Desinfektionsschüssel, I. Teil Abs. 1, ausführlich erörtert sind. Jedenfalls bleibt auch hier die Notwendigkeit bestehen, dass man diese Prozeduren, obwohl sie so hochwichtig sind, wegen ihrer Umständlichkeit dritten, niemals ganz zuverlässigen Personen anvertrauen muss. Fehlerhafte und unüberlegte Handgriffe können in gleicher Weise wie sonst, so auch hier die Tadellosigkeit der aseptischen Präparation gefährden. — Als einen grossen Uebelstand betrachte ich es aber weiterhin noch, dass bei diesem Verfahren der Operateur nicht selbst die Instrumente während der Operation ergreifen und zurücklegen kann, sondern hierzu abermals Hilfspersonen nötig sind. Wollte der Operateur diese Verrichtung selbst vornehmen, so müsste er vor jedem Griff, den er in die Instrumentenschale thut, seine Hände auf das Sorgfältigste vom anhaftenden Blute reinigen. Denn, falls solches in die Lösung gelangt, würde diese sich sofort trüben, und in kurzer Zeit würden die unter der Lösung liegenden Instrumente nicht mehr deutlich sichtbar sein. Dieselben aber einzeln herauszufischen, wäre nur unter grossem Zeitverlust angängig. Sind doch die Instrumente ohnehin wie jeder andre Gegenstand, selbst wenn er in dem klarsten Wasser eingetaucht ist, weniger gut sichtbar. Liegen gar die Instrumente innerhalb der Drahteinsätze unter Wasser, so sind sie noch schwerer kenntlich, da sie sich vom Drahteinsatz, der fast dieselbe Farbe wie die Instrumente hat, nur schwer abheben. Dasselbe ist der Fall, wenn die Instrumente ohne Verwendung von Einsätzen direkt dem Boden der eigentlichen Instrumentenschale aufliegen und diese gleichfalls aus Metall oder einer Metallkomposition angefertigt ist. Es ist vor allen Dingen nicht recht ersichtlich, weshalb überhaupt die Instrumente während der Operation in antiseptischer Flüssigkeit eingetaucht liegen sollen.

Das Abkochen selbst ist das stärkste aller unserer Desinfektionsmittel. Eine antiseptische Lösung würde die abgekochten Instrumente nicht etwa noch mehr keimfrei machen. Denn wir wissen, dass die stärksten chemischen Desinfektionsmittel in noch so hoher Konzentration erst nach tage- oder wochenlanger Anwendung leisten, was die einfache Abkochung innerhalb weniger Minuten thut. Man hat gesagt, die antiseptische Lösung halte von den in ihr liegenden Instrumenten die aus der Luft herantretenden etwaigen Infektionskeime ab. Allein dem ist einzuwenden, dass, wenn die Luft keimhaltig ist, diese Keime doch dann ebensogut an und in die Operationswunde treten, wo sie sicherlich nicht minder schädlich sind. Man müsste dann also folgerichtig für die Operationswunde ähnliche Vorkehrungen treffen, wie für die Instrumente. Dies hat man in der That schon gethan durch Anwendung des Karbolsprays, der aber gegenwärtig, da er bekanntlich wenig seinen Zweck erfüllte, fast vergessen ist. Was der Spray für die Operationswunde ist, ist die antiseptische Lösung für die Instrumente, die darin liegen. Beide schützen gegen wirklich gefährliche Keime nicht. Den einzigen Ausweg bietet die Herstellung einer überhaupt keimfreien Luft im Operationszimmer. Dieselbe fällt, wie *Schimmelbusch* dargethan hat, mit der Sorge für Staubfreiheit der Luft zusammen und wird in sehr einfacher Weise vermittels Durchfeuchtung der Luft erreicht.

Hiermit schliesse ich meine Darstellungen. Fassen wir, insoweit ich über die bisher üblichen aseptischen Vorbereitungen hinsichtlich der einzelnen Objekte in den voranstehenden Abschnitten ausführlich berichtet habe, die Mängel kurz zusammen, so bestehen dieselben wesentlich darin, dass die bisher übliche Methode der Asepsis:

1. sehr unsicher ist und die Keimfreiheit wenig verbürgt, und dass sie ausserdem
2. sehr zeitraubend und sehr umständlich ist.

Die näheren Gründe werde ich am Schlusse meiner Arbeit einheitlich zusammenfassen und gegenwärtig nur auf Einzelheiten zurückkommen. Die Unsicherheit der aseptischen Verlässlichkeit besteht unter anderem darin, dass die einzelnen Objekte, nachdem sie keimfrei gemacht sind, fernerhin erst noch, ehe sie zum Gebrauch für die Operation fertiggestellt sind, zu vieler Handgriffe bedürfen, durch welche ihre Asepsis leicht gefährdet werden kann. Diese Handgriffe setzen nicht allein eine primäre völlige Keimfreiheit der Hand voraus, sondern erfordern des weiteren besonders eine streng logische Schulung des aseptischen Verständnisses, sowie eine peinliche Akkuratesse, damit im Verlaufe der Vorbereitungen keine Berührungen aseptischen Gebietes mit nichtaseptischem stattfinde. Die Erfüllung solcher Erfordernisse, welche eigentlich nur der Arzt, der die Operation ausführt, für seine Person bei Beteiligung seiner innersten Interessen verbürgen kann, fällt ohne weiteres weg, da er die Vorkehrungen wegen ihrer Umständlichkeit und des dabei nötigen Zeitaufwandes nicht selbst vornehmen kann, sondern sie Dritten überlassen muss. Eine Herstellung einzelner Objekte auf Vorrat für Tage oder Wochen hinaus, die er allenfalls selbst vornehmen könnte, ist nicht anzuwenden, da in der Zeit, welche von der erfolgten Sterilisation an bis zum Gebrauche der Objekte in der Wunde verfliesst, nur allzu leicht eine Gefährdung der Asepsis eintritt. Ganz besonders umständlich, schwierig, zeitraubend und unsicher ist die bisher übliche Methode, wenn es sich um die Vornahme einer Operation in der Privatpraxis handelt, die wie ein Bauchschnitt die exakteste Asepsis erfordert.

Wie da die Keimfreiheit der Innenwand der zur Ver-

wendung kommenden Schüsseln, Gefässe und Instrumentenschalen, die doch allein nur durch Auskochen in besonders
grossen Kesseln oder durch Sterilisation in Wasserdampf
in einem grösseren Dampfsterilisator hergestellt werden
kann, wie ferner die Beschaffung grösserer Mengen aseptischen Wassers möglich sein soll, ist mir absolut undenk-
bar. Dampfsterilisatoren sind in den Privatwohnungen
nicht zu haben, nicht einmal hinreichend grosse und hinreichend viele Gefässe sind der Regel nach vorhanden
und die Möglichkeit der Heizung weisst uns meist nur auf
enge Ofenröhren hin. Die meist schwierige und umständliche Herstellung eines Herdfeuers in der fast stets in
recht unbequemer Weise vom Operationsraum entfernten
Küche, die den Arzt ausser stande setzt, die Zeit der erfolgten Abkochung und den Grad derselben zu kontrollieren, ist meist das einzige Auskunftsmittel in dieser
schwierigen Lage. Sterilisiert man die Verbandstoffe und
Tupfer zu Hause in Wasserdampf, und geht durch irgend
einen Zufall oder durch die Ungeschicklichkeit der anwesenden, für die Kranke zur Aushilfe bestellten Personen,
auch wenn durch diese die Blechbehälter nicht direkt umgestossen werden und auf den Fussboden niederfallen, so
doch auf irgend eine andere Weise die Asepsis derselben
verloren, so ist der Operateur, namentlich wenn dies
während der Operation geschieht, verraten und verkauft.
Denn einen Dampfsterilisator hat er nicht zur Hand, und
hätte er einen solchen auch da, so könnte er doch die
Operation nicht auf eine Stunde lang unterbrechen, um
die Sterilisation mit Wasserdampf erneut aufzunehmen,
wenngleich diese gerade jetzt so dringend nötig ist.

Ich kann nicht umhin, zu gestehen, dass, als ich noch
mit der bisher üblichen Methode arbeitete, mich· vor einer
jeden Laparotomie eine grosse Bangigkeit befiel, ganz besonders hinsichtlich der mangelhaften Zuverlässigkeit des
dabei nötigen Personales und der Thatsache, dass wir demselben gerade die hochwichtigen Funktionen, die in den

voranstehenden Abschnitten einzeln geschildert sind, anzuvertrauen gezwungen waren. Dieses Personal, das wir in der Regel Schwestern nennen und in dessen Hände wir das Leben der Kranken, die sich uns anvertrauen, weiter übertragen, in deren Hände wir zugleich unser Ansehen und unsern Ruf legen, verdient auch in anderer Beziehung eine besondere Betrachtung.

Die allgemeine weibliche Eigenschaft heute zu wollen und morgen nicht zu wollen, kommt den Krankenschwestern in erhöhtem Masse zu. Eine plötzliche Laune vernichtet nur allzuschnell die besten Entschlüsse ihres Pflichteifers. Gefährlich ist ihnen ihre halbärztliche Ausbildung, die dem Arzt und dem Kranken bisweilen mehr Schaden verursacht, als dies die gänzliche Unwissenheit vermögen würde. Sie beanspruchen stillschweigend die Gleichstellung mit den Aerzten für sich, und sie wollen deshalb natürlich auch nicht zu den Wärterinnen oder Dienstboten gerechnet werden. Wir aber dürfen sie keineswegs zu den Aerzten rechnen. Denn da sie kein langjähriges, tiefgehendes Studium hinter sich haben, so besitzt ihr Verstand auch nicht die logische Schulung und Schärfe, die sich der Arzt erworben hat, sondern sie ist vielmehr nur die eines Laien. — Wegen der besseren Umgangsformen, die ihnen eigen sind und der Beredsamkeit, mit der sie ihre vermeintlichen Vorzüge nach aussen zu kehren verstehen, sind wir häufig versucht, sie fast nicht zu Wärterinnen und Dienstboten zu rechnen, denen sie aber sonst im übrigen sehr ähnlich sind, nur mit wesentlichem Unterschiede, dass letztere wenigstens den Fussboden sauber scheuern können und wollen. Die Anmassung, sich mit den Ärzten gleichzustellen, glauben sie entweder durch den Vorrang der Geburt oder die Stellung einzelner Familienglieder von sich begründet zu sehen, und niemals werden sie begreifen lernen, dass auf dem Gebiete der Wissenschaft nur diese selbst entscheidet und dass das Wissen an sich eine tiefe, unüberbrückbare Kluft zwischen Arzt und ihnen schafft.

Immer sind sie geschickt genug, die Verdienste des Arztes
dem Kranken oder dessen Angehörigen gegenüber zu ver-
kleinern und ihre eigenen Leistungen als die Hauptursache
des günstigen Ausganges zu schildern, umgekehrt aber bei
nicht aseptischem Verlauf der Operation und deren Folgen
das Verschulden von sich ab und dem Arzte zuzuwälzen.
So sind, wie jeder erfahrene Praktiker weiss, der mit offenen
Augen Personal jahrelang unter den Händen gehabt hat,
die Leute beschaffen, denen nur allzu leichtfertig das
Zeugnis der Zuverlässigkeit ausgestellt werden kann. —

II. Teil.

Meine Methode der absoluten Asepsis.

Im Gegensatz zu dem seither üblichen Verfahren mit seinen zahlreichen Unsicherheiten und Umständlichkeiten erschien es mir als eine Erlösung, als ich im Januar 1893 zunächst nur bei Bauchschnitten, späterhin aber bei allen Operationen eine Methode anwendete, welcher die bisherigen Nachteile und Gefahren in keiner Weise anhafteten. Diese Methode, deren Schilderung und Kritik die nachfolgenden Zeilen gewidmet sind, besitzt die unbestreitbaren Vorzüge:

1. dass sie absolut aseptisch ist,
2. dass sie ungeheuer einfach und schnell auszuführen ist.

Die zur Operation nötigen Objekte werden selbstverständlich erst unmittelbar vor der Operation und nicht auf Vorrat für Tage oder Wochen hinaus summarisch vorbereitet, da sie sonst in der Zeit, die von ihrer Sterilisation an bis zu der Anwendung in der Wunde verstreicht, aseptisch gefährdet sein würden. Handgriffe, die eine aseptische Hand des Vorbereitenden voraussetzen, sind nicht nötig. Es werden vielmehr Anforderungen, die eine aseptische Zuverlässigkeit oder Schulung bedingen, an das Personal, dem diese Eigenschaften, wie oben erwähnt, nie korrekt beizubringen sind, überhaupt gleich von vorn-

herein und zwar prinzipiell nicht gestellt. Die Verrichtungen des Personales, zu denen jeder Dienstbote brauchbar ist, erstrecken sich vielmehr auf nur wenige und vor
allem nur auf solche Dinge, deren Ausführung nachträglich
mit dem Auge kontrollierbar ist. Von dem Blankputzen
einer eingeregneten und beschmutzten Fensterscheibe, dem
Reinigen einer blutbefleckten Waschschüssel können wir
uns nachträglich durch den blossen Augenschein überzeugen.
Dem Wasser aber und den Verbandstoffen sieht man nachträglich nicht an, wie lange sie, oder ob sie überhaupt
gekocht oder in Dampf sterilisiert sind. Es muss daher
alles so eingerichtet sein, dass diese Massnahmen, namentlich da das Leben der Kranken und, da fernerhin auch
der Ruf und die Ruhe des Arztes von ihnen abhängt,
direkt unter dem Auge des Arztes stattfinden. Es muss
aber weiterhin von einem korrekten Verfahren gefordert
werden, dass die mit der Wunde direkt oder indirekt in
Berührung tretenden Objekte von dem Moment an, wo
ihre Sterilisation erfolgt ist, auch innerhalb der Zeit, die
bis zu ihrer Anwendung in der Wunde noch verstreicht,
direkt unter dem Auge des Arztes verbleiben. Wir sind
sonst nicht sicher, dass von seiten des Personales nachträglich Gefährdung der aseptischen Objekte stattfindet.
Eine Präparation auf Vorrat Tage oder Wochen vorher
und Aufbewahrung in Blechbüchsen und Glasbehältern,
die leicht zu eröffnen sind, ist schon aus diesem Grunde
inkorrekt, ganz abgesehen davon, dass solche Gefässe nicht
luftdicht gegen Staub, wie oben angegeben ist, abzuschliessen sind.

Wir müssen aber fernerhin auch noch fordern, dass
die sterilisierten Objekte während der Dauer der Operation
nur mit den Händen des Operateurs, da dieser für die
Keimfreiheit seiner Hände allein Garantie übernehmen kann,
in Berührung treten. Das Verfahren muss wenigstens so
eingerichtet sein, dass ausser den Händen des Operateurs
nur noch die Hände einer einzigen weiteren Person, eines

Assistenten, in Berührung kommen können. Denn der Operateur hat nur Zeit, die Desinfektion der Hände noch einer einzigen weiteren Person andauernd zu kontrollieren und diese während der Operation beständig unter den Augen zu behalten. Mit der Anzahl der direkt oder indirekt mit der Operationswunde und den sterilen Objekten in Berührung tretenden Hände wächst auch für den Operateur die Unmöglichkeit einer genügenden Ueberwachung, sowohl der primären Desinfektion derselben vor Beginn der Operation, als auch der Ueberwachung derselben vor etwaiger Berührung mit nicht aseptischen Körpern während der Operation. Dampfsterilisatoren gebrauche ich schon aus dem Grunde nicht, weil ich nicht Zeit finde, mich $^3/_4$ Stunde vor jeder Operation zur Ueberwachung der Sterilisation hinzusetzen. Ausserdem sind für mich gegen die Anwendung von Dampf-Sterilisatoren, die vorher im I. Teil, Abschnitt 3 ausführlich erörterten Gesichtspunkte, welche Unsicherheit, Umständlichkeit und hohen Preis derselben betreffen, massgebend. — Das wenigstens 5 Minuten lang fortgesetzte Abkochen in Wasser, das stärkste aller bisher bekannten Keimtötungsverfahren, ist allein für die Praxis zulässig, da es am schnellsten, sichersten und ohne Umstände zum Ziele führt. Es hat sich auf alle Objekte zu erstrecken, die direkt oder indirekt mit der Wunde oder den Händen des Operateurs in Berührung kommen können und zwar in noch grösserem Umfange, als dies bisher geschah. Mein Verfahren gestattet aber auch weiterhin sämtliche übrigen Nachteile der bisher üblichen Methoden zu vermeiden und es lässt sich in der Privatpraxis ebenso sicher und fast ebenso leicht ausführen, als in der Klinik. Vor allen Dingen ist es ausserordentlich billig. Der ganze Apparat besteht aus einer Reihe emaillierter Schüsseln mit Deckel und einem von mir angegebenen Instrumentenkochgefäss, wie ich es schildern werde.

Im nachfolgenden werde ich die Herstellung der für die Operation nötigen Objekte, wie sie nach meiner Me-

thode der Asepsis vorgenommen wird, besprechen. Ueber
die einzelnen Objekte werde ich in gesonderten Abschnitten
handeln, entsprechend der Einteilung des ersten Teiles
meiner Arbeit, in der ich die bisher üblichen Methoden
dargethan habe. Ich werde auch hier, wenngleich der
besseren Uebersichtlichkeit wegen in etwas abgeänderter
Reihenfolge, reden über die Herstellung :

1. der Waschflüssigkeiten,
2. des Tupf- und Verband-Materials, sowie der Watte,
3. des Naht- und Unterbindungs-Materiales,
4. der Metallinstrumente,
5. der Spülflüssigkeiten.

Im Anschlusse hieran werde ich dann noch meine
Darstellungen ausdehnen auf:

6. die aseptische Umgrenzung des Operationsfeldes,
7. die Leinenmäntel und Gummischürzen,
8. den Schutz gegen Infektions-Stoffe, die von der
   Decke des Operationszimmers niederfallen können,
9. die Asepsis der Luft,
10. die Handtücher und Waschungen.

Da ich im ersten Teile meiner Arbeit, welche über
die bisherigen Methoden der Asepsis handelte, über die
zuletzt genannten Objekte diesbezügliche Erörterungen
nicht gegeben habe, so werde ich dieselben im zweiten
Teile meiner Arbeit in den entsprechenden Abschnitten
zur Ermöglichung des Vergleiches mit meinem Verfahren
nachholen.

1. Waschflüssigkeiten.

Dass zum Zwecke der Erzielung einer vollständigen
Keimfreiheit der Hände des Operateurs und Assistenten,
sowie der Haut desjenigen Körperteils der Kranken, an
dem eine Operation vorgenommen werden soll, zunächst
eine gründliche Reinigung derselben mit heissem Wasser,
Seife und Bürste stattzufinden hat, und dass dann aber
weiterhin diese mechanische Reinigung für sich allein nicht

genügt, sondern unmittelbar hierauf noch ausserdem eine energische Abreibung mit Lösungen stark keimtötender chemischer Desinfektionsmittel zu erfolgen hat, war bereits im ersten Teil meiner Arbeit, Abschnitt 1, erwähnt. Vergl. auch II. Teil, Abschnitt 9. Die Herstellung einer solchen desinfizierenden Lösung geschieht nach meiner Methode in der Weise, dass in eine der emaillierten Schüsseln gewöhnliches Wasser eingefüllt und diesem Sublimat, meist in Form der bekannten *Angererschen* Pastillen zugesetzt wird. Gleichzeitig kommt eine saubere Handbürste auf den Boden der Schüssel zu liegen. Der Deckel wird nunmehr auf die Schüssel gedeckt, die Schüssel mit ihrem Inhalt ins Kochen gebracht und, sobald das Sieden eingetreten ist, noch weitere 5—10 Minuten über der Flamme belassen. Nach Beendigung der Prozedur wird der Deckel abgenommen, und die Schüssel mit ihrem Inhalt, welcher rasch abkühlt, ist zum Gebrauch fertig. Durch dieses Verfahren ist eine absolute Asepsis erreicht hinsichtlich des zur Verwendung gekommenen Wassers, des Handbürstchens, des Antiseptikums und der Innenwand der Schüssel; Objekte, welche insgesamt, wie ausführlich erörtert wurde, vollständig aseptisch gemacht werden müssen, vergl. I. Teil, Abs. 1. —

Die Handbürste und die Sublimatpastille, welche vorher nicht keimfrei waren, umsomehr, als sie mit nicht desinfizierten Händen angefasst und eingelegt wurden, sind nunmehr durch den Kochprozess vollständig keimfrei geworden und bleiben in diesem Zustand bis zum Gebrauch. Das zur Lösung verwendete Wasser ist, auch wenn dasselbe noch so infektiös war, jetzt ebenfalls vollständig steril. Vor allem aber ist auch die Innenwand der Schüssel vollständig aseptisch und zwar nicht allein an der Stelle, an der sie von der kochenden Sublimatlösung direkt berührt wurde, sondern auch noch weiter aufwärts vom Flüssigkeitsspiegel an bis zum obersten Schüsselrand herauf, so dass die Hände und Vorderarme des Operateurs während der Operation mit ihr in Berührung kommen dürfen ohne

Gefahr einer Infektion. Die aus der Sublimatlösung aufsteigenden Wasserdämpfe nämlich treffen, indem sie zwischen Schüsselrand und Rand des aufliegenden Deckels
nach aussen zu dringen genötigt sind, als gesättigter Dampf
in direktester Weise diesen Teil der Schüssel und müssen
an ihm vorbeistreichen.

Fig. 5.

Während man nun zur Sterilisation von Verbandstoffen
eine Einwirkung der Dämpfe von mindestens $1/2$ Stunde
braucht und dann bekanntlich noch keine absolute Sicherheit für die erfolgte Keimfreiheit wegen der schweren
Durchdringbarkeit der Objekte hat, ist hier die 10 Minuten
dauernde Einwirkung des Dampfes, wie bakteriologische
Untersuchungen festgestellt haben, vollständig genügend,
da die Oberfläche der Innenwand der Schüssel und Deckels
glatt ist, und die ihr anhaftenden, etwa vorhandenen
Keime den Dämpfen somit direkt exponiert sind. Wie
bereits früher erwähnt, ist der direkt auftreffende gesättigte
Dampf ein ebenso sicheres und, wenn er nicht in schwer
durchdringbare Objekte eindringen muss, sondern wie hier
auf eine glatte Fläche auftrifft, die er keimfrei zu machen
hat, ein fast ebenso schnelles Desinfektionsmittel wie das

kochende Wasser. Absichtlich habe ich Deckel mit über-
schlagendem und nicht mit einschliessendem Rand gewählt,
weil ersterer den Dampf bei seinem zwischen dem Deckel
und Schüsselrand erfolgenden Austritt zwingt, nochmals
einen Moment nach abwärts umzubiegen und durch seine
Berührung mit der Aussenseite der Schüssel, auch diese
eine ganz kurze Strecke vom Schüsselrand an nach abwärts, keimfrei zu machen. Denn dieser Teil der Aussenseite der Schüssel kann schliesslich doch einmal mit den
Händen des Operateurs in Berührung kommen. Nach dem
Gesagten ist ohne weiteres klar, dass wir nunmehr eine
antiseptische Lösung vor uns haben, deren Asepsis in allen
Teilen vollkommen verbürgt ist, deren Herstellung ferner
technisch sicher und dabei doch praktisch sehr einfach
und leicht ist. Weder brauchen wir den Wassersterilisator
nach *Fritzsch*, dessen Wasser
nach der Entnahme aus dem
Apparat, wie bereits oben ausführlich dargethan, nicht mehr
keimfrei ist (vergl. Teil I.,
Abschnitt 1), noch bedürfen

Fig. 6.

wir eines Dampfsterilisierapparates, der die Innenwand
der Schüssel und die der Handbürste aseptisch machen
muss. Die Umständlichkeit und der Zeitverlust, der
mit dem Gebrauch dieser Apparate verbunden ist, die
Unsicherheit ihrer Wirkung und nicht zum letzten die
teueren Anschaffungskosten und Reparaturen, welche sie
uns verursachen, fallen fort (vergl. Teil I., Abs. 1 und 3).
An ihrer Stelle haben wir einen einfachen und ausserordentlich billigen Ersatz, und an Stelle der vielen einzelnen Verrichtungen und gesonderten Prozeduren, die,
ehe die Herstellung vollendet ist, nötig sind und nacheinander vorgenommen werden müssen, haben wir durch
nur eine einzige Massnahme, durch den Kochprozess, alle
Zwecke der Asepsis erreicht, und zwar mit einem Schlage
auf einmal alles, was keimfrei sein muss, auch keimfrei

gemacht. Hauptsache bleibt, dass die nach meiner Methode
erreichte Asepsis nicht nur eine absolute ist, sondern dass
wir auch mit Leichtigkeit den Prozess der aseptischen
Präparation selbst übersehen können, während dies bei
der bisherigen Methode nicht der Fall war. Wir mussten
vielmehr wegen der Umständlichkeit und dem Zeitaufwand
des Verfahrens dasselbe dem Personal überlassen. Dass
wiederum hierbei viele fehlerhafte Handgriffe bei Entnahme
der Schüssel oder Bürste aus dem Dampfsterilisator und
dem Einfliessenlassen des Wassers aus dem Wassersterilisator möglich waren, vor allem, dass die Garantien für
die Keimfreiheit der Hände des zufassenden Personales
sehr unsichere waren, habe ich früher ausführlich auseinandergesetzt (vergl. I. Teil, Abs. 1, 3, 5). Nebenbei sei
übrigens bemerkt, dass die gewöhnlichen Handbürstchen,
weil sie gestanzt sind, das Abkochen gut vertragen.

Schimmelbusch nimmt im Gegensatz hierzu an, dass
dieselben geleimt sind. Er giebt deshalb an, dass sie
höchstens im Dampfsterilisator sterilisiert werden dürften
und der Regel nach nur eine Behandlung mit chemischen
Desinfektionsmitteln aushielten.

Die eben erörterten Gesichtspunkte, welche bei meiner
Methode hinsichtlich der Herstellung einer antiseptischen
Lösung massgebend waren, habe ich auch bei Herstellung
der anderen Objekte angewendet.

Alles Nähere über die Art der Schüsseln selbst und
ihrer Heizung findet sich II. Teil, Abschnitt 3, Absatz 2 u. 3.

2. Tupf- und Verband-Material, Watte.

Zum Tupfen in der Wunde verwende ich ausschliesslich Gaze. Schwämme sind nie absolut keimfrei zu machen,
da sie weder den Kochprozess noch die Sterilisation in
Wasserdampf vertragen. Watte gebrauche ich zum Tupfen
in der blutenden Wunde nicht, da sie leicht ausfasert.
Dagegen ist sie, falls man sie mit desinfizierender Lösung
vollgesaugt hat, sehr praktisch zur Applikation derselben

innerhalb der Höhlungen des Körpers, in welche man mit der Handbürste nicht eindringen kann, wie dies beispielsweise bei der Vagina und dem Cavum uteri der Fall ist. Beide Körperhöhlen bedürfen vor jeder gynäkologischen Laparotomie einer gründlichen Desinfektion, weil sie während der Operation vom Bauchraume her absichtlich oder auch leicht unversehens eröffnet werden können, und in diesem Falle etwaige in ihnen befindliche Infektionskeime an das Peritoneum gelangen. Wie schon *Hofmeier* darthut, genügt zu dem genannten Zweck das blosse Ausspülen der fraglichen Körperhöhlen mit antiseptischen Lösungen nicht, sondern es müssen die Wandungen derselben mit antiseptischer Lösung direkt und zwar sehr energisch abgerieben werden. Ist doch das blosse Abspülen mit antiseptischer Lösung auch bei der Haut und den Händen ungenügend. Selbst wenn man dieselben zuvor mit heissem Wasser, Seife und Bürste noch so gründlich mechanisch gereinigt hat, müssen sie mit der antiseptischen Lösung direkt, und zwar tüchtig abgerieben werden. Zum Zweck dieser Abreibung mit antiseptischer Lösung bediene ich mich für die Hände und die Haut der Kranken am besten der Wurzelbürstchen. Für die Wandungen der Körperhöhlungen aber gebrauche ich Watte, die mit der antiseptischen Lösung getränkt wird. Vielfach verwende ich diese auch für die äussere Haut der Kranken, wenn dieselbe sehr zart ist. Besonders lässt sich der Nabelgrund recht vorteilhaft damit ausreiben. Die in antiseptische Lösung getauchte Watte, welche innerhalb der Körperhöhlen appliziert wird, muss mit der Kornzange angefasst und verrieben werden. Die Watte selbst, welche zur Anwendung kommt, muss selbstverständlich vollkommen keimfrei sein. Durch das blosse Eintauchen in die antiseptische Lösung wird sie, wie bereits mehrfach erwähnt ist, wegen der kurzen Dauer der Berührung mit derselben und wegen deren geringer antiseptischer Kraft, durchaus nicht keimfrei. Die Watte wurde daher nach der bisherigen Methode

im Dampfsterilisator sterilisiert, und die Herstellung der
antiseptischen Lösung selbst geschah, freilich nicht sehr
zuverlässig, durch gesonderte Sterilisation der Waschschüssel
und Bürste im Dampfsterilisator und die Präparation des
notwendigen sterilen Wassers im Wassersterilisator. Nachträglich wurden die einzelnen Teile der antiseptischen
Schüssel zusammengesetzt. Die Unzuverlässigkeit und die
Umständlichheit dieses Verfahrens habe ich im I. Teil,
Abs. 7 des Genaueren ausgeführt. Daselbst habe ich auch
dargethan, dass, und weshalb auf Vorrat bereitete antiseptische Lösung nicht statthaft ist.

Ich verfahre gemäss meiner Methode in der Weise,
dass in eine der emaillierten Schüsseln gewöhnliches Wasser
eingegossen und Sublimat, meist in der Form von *Angerers*
Pastillen oder, wenn man will, Karbolsäure in entsprechen-
der Weise zugesetzt werden. Jetzt wird ein Paket entfettete Watte mittels sauberer Hand in kleine Ballen
zerzupft, dieselben werden einzeln wie Brotkrumen
zwischen den Fingern gerollt und nacheinander in
die Schüssel eingeworfen. Die Watte taucht gut unter.
Nötigenfalls wird mehr Wasser zugeschüttet und ein Ess-
teller aus Porzellan oder Steingut umgekehrt aufgelegt.
Dieser beschwert die Watte und hält sie unter der Flüssigkeit untergetaucht. Der Deckel wird auf die Schüssel gesetzt, die Schüssel wird ins Kochen gebracht und, sobald
das Wasser ins Sieden gekommen ist, noch 5—10 Minuten
weiter über die Flamme gehalten. Alsdann wird der Deckel
von der Schüssel genommen. Bis zum Gebrauch ist alles
bereits abgekühlt ohne direkt kalt zu sein. Auf diese
Weise wird das verwendete Wasser, das Antiseptikum, die
Watte und die ganze Innenwand der Schüssel bis zum
Rand herauf, soweit sie also mit den Händen und Vorder-
armen des Operateurs in Berührung kommen kann, vollständig und in sehr einfacher Weise keimfrei gemacht.

Zum Tupfen in der Operationswunde benutze ich ausschliesslich Gaze. Dieselbe wird in Stücke von verschiedener

Grösse und Form zerschnitten. Zur Tamponade für die Bauchhöhle dienen längliche Streifen, die als Zöpfe zusammengedreht werden. Das viereckige, bald grössere, bald kleinere Format dient als Handtupfer oder Darmserviette. — Die Herstellung der Gazestücken geschieht in grösserer Menge und auf Vorrat. Dieselben werden in leinene Tücher eingeschlagen, hierauf in Holz- oder Blechkisten verpackt und in diesen aufbewahrt. Direkt vor der Operation entnimmt man so viel Stücke, als anscheinend gebraucht werden, macht sie jetzt erst keimfrei und zählt sie genau ab. Direkt vor Schluss der Bauchwunde geschieht das Abzählen nochmals, damit man sicher ist, dass keine Gaze in der Bauchhöhle zurückgelassen wird. Die Lagen, aus denen die einzelnen Gazestückchen bestehen, müssen selbstverständlich fest miteinander vernäht oder zusammengebunden sein, damit sie nicht auseinander fallen und sich hierdurch der Zahl nach scheinbar vermehren können. Denn es würde sonst jede Kontrolle beim Durchzählen vor Schluss der Bauchwunde ausgeschlossen sein.

Das Zusammennähen der grossen viereckigen Gazen, die, um dem Vordrängen der Därme genügenden Widerstand zu leisten, meist aus 8—12 übereinander geschichteten Lagen von Gaze bestehen müssen, geschieht am besten mittels Nähmaschine. Da diese Gazestücke wegen ihrer Grösse dem Auge nicht leicht entgehen, wenn sie in die Peritonealhöhle eingebracht sind, so lasse ich nicht noch ausserdem einen langen Faden anbringen, der als Kontrolle zur Bauchhöhle herauszuhängen hat. Dagegen thue ich dies bei den dochtförmigen Gazen, die sich leichter zwischen den Därmen verlieren und dann schwer auffindbar sind. Ich verwende hierzu jedoch keine Seidenfäden, da dieselben sich leicht mit den langgelassenen Ligaturfäden verwechseln lassen und ganz abgesehen hiervon leicht unvermerkt dem Auge entrücken und in die Bauchhöhle schlüpfen, sondern ich nehme zu diesem Zweck dünnes leinenes Band, das einige Millimeter breit ist. Dasselbe wird mittels einer

sogenannten Packnadel an dem einen Ende der Gaze durch
diese durchgestochen und dann festgeknotet. Eine gewöhnliche Nadel würde brechen, sie anzuwenden würde
ausserdem zu schwierig und zeitraubend sein. Unbedingt
muss der Faden vor der Knotung durch die Gaze hindurch
gestochen sein. Er darf nicht bloss umgelegt werden, weil
er sonst zu leicht abgleiten könnte. Die Gazen werden
direkt vor der Operation keimfrei gemacht. Dies geschieht
nach meiner Methode in der Weise, dass in eine der
emaillierten Schüsseln gewöhnliches Wasser eingegossen
und diesem Kochsalz in der Menge zugesetzt wird, dass
eine physiologische Kochsalzlösung entsteht. Jetzt werden
die für die Operation bestimmten Gazen eingelegt und
auf diese ein Speiseteller aus Steingut oder Porzellan umgekehrt aufgedeckt, so dass er sie belastet und niederdrückt.
Die Gazen liegen hierdurch beständig in der Flüssigkeit
untergetaucht. Der Deckel wird auf die Schüssel aufgelegt,
die Schüssel wird gekocht und, sobald das Wasser ins
Sieden gekommen ist, weitere 5—10 Minuten oder auch
noch längere Zeit über der Flamme gelassen. Durch diesen
Kochprozess werden sowohl die Gazestücke als das zur
Verwendung gekommene Wasser und die Innenwand der
Schüssel selbst bis zu deren oberen Rand herauf vollständig
keimfrei gemacht und ebenso gleichzeitig auch das zur
Verwendung gekommene Kochsalz. Dasselbe muss aber
dem Wasser selbstverständlich vor dem Kochen, und nicht
erst hinterher, zugesetzt werden.

Nach den bisher üblichen Methoden geschieht die
Herstellung einer solchen aseptischen Kochsalzlösung, in
der aseptische Gazetupfer aufbewahrt werden, dadurch,
dass das zur Kochsalzlösung verwendete Wasser im Wassersterilisator, das Aufbewahrungsgefäss und die Gazetupfer
im Dampfsterilisator durch Wasserdampf keimfrei gemacht
werden. Nachträglich werden die einzelnen Bestandteile
erst zusammengefügt und sie müssen zu diesem Zwecke
mit den Händen berührt werden. Sowohl über die

Schwierigkeit, ja Unmöglichkeit, die Keimfreiheit der Hände des Personales zn erzielen, wie über die Unsicherheit der Sterilisation mittels Wasserdampfes und die Gefahren, die die Anwendung von Wassersterilisatoren in dieser Beziehung bietet, habe ich bereits (vergl. I. Teil, Abs. 1 und 3) ausführlich gehandelt. Weiterhin kommt auch die Umständlichkeit und der Zeitverlust des ganzen Verfahrens in Frage. — Im Gegensatz zu dem bisherigen Verfahren wird bei meiner Methode eine vollendete und absolute Asepsis erreicht, und zwar werden mit einem und demselben Kochprozess alle einzelnen Objekte wie mit einem Schlage mit einem Male getroffen. Jede Umständlichkeit und jeder Zeitverlust fällt weg.

Schüssel und Inhalt sind bald zum Gebrauch hinreichend abgekühlt, wofern der Deckel nur unmittelbar nach Beendigung der Abkochung abgehoben wurde. Braucht man die Gazen sofort, so wird die Abkühlung nötigenfalls mit meinem Kühlgefäss überraschend schnell vorgenommen (vergl. Fig. 21). — Will der Operateur die Gazen trocken gebrauchen, so hebt er, nachdem er seine Hände für die Zwecke der Operation vollständig keimfrei gemacht hat, kurz vor Beginn derselben den Teller, der durch die Abkochung ebenfalls steril wurde, aus der Schüssel heraus und stellt ihn auf den Tisch, um auf ihm die Gazen, nachdem er diese in die volle Hand gefasst und gehörig ausgedrückt hat, auszubreiten. In wenig Minuten sind die Gazen trocken. Die Wärme der Gazen bringt den Rest der in ihnen enthaltenen Feuchtigkeit, soweit diese sich nicht durch das Ausdrücken entfernen liess, rasch zum Verdunsten.

Ich dagegen ziehe es vor, die Gazen feucht zu gebrauchen, indem ich sie der Kochsalzlösung direkt während der Operation einzeln entnehme. Dies thue ich, weil die Gazen dann regelmässig wärmer sind als bei der trockenen Verwendung und auch länger warm bleiben. Vor allen Dingen aber sind für mich die Untersuchungen

von *Walthard*, welche im I. Teil, Absatz 3 meiner Arbeit
des näheren auseinander gesetzt sind, massgebend, und
auch *Sänger* rät, denselben volle Beachtung zu schenken.
Walthard nämlich zeigte, dass bei trockener Behandlung
des Peritoneums nach der Operation eine grosse Neigung
zu Ileus eintritt. Braucht man während der Operation
mehr Gazen, als sich ursprünglich voraussehen liess, so
lassen sich rasch eine genügende Anzahl neuer nachkochen.
Für diese Eventualität sorgt man, wenn man während der
Operation beständig eine Schüssel mit Kochsalzlösung über
dem siedenden Feuer halten lässt. Neue Gazen werden
sofort bei Bedarf hineingeworfen, und die Sterilisation beginnt augenblicklich. Man braucht auf diese Weise nicht
erst die lange Zeit abzuwarten, die verstreicht, ehe das
Wasser ins Kochen kommt, oder die noch viel längere
Zeit, ehe der Sterilisationsraum, wie dies bei den bisherigen
Methoden der Fall ist, mit Dampf erfüllt ist. Wird die
ursprüngliche Kochsalzlösung mit ihren Gazen während
einer langdauernden Operation kalt, so tauche ich die
Gazen auf einen Moment in die Schüssel mit der heissen
Kochsalzlösung, indem ich sie mit der Kornzange angefasst
halte, und sofort sind sie warm. Solche heiss verwendeten
Gazen stillen überdies die Blutung sehr gut. — Bei kleineren und zwar bei nicht peritonealen Operationen gebrauche ich überhaupt keine Tupfer, sondern wende nach
wie vor der praktischen Vorzüge halber die permanente
Irrigation an. Einen Nachteil sah ich hiervon ebensowenig
wie *A. Martin*, der dieselbe ausgedehnt verwendet. Es
scheinen vielmehr alle darauf bezogene üblen Folgen von
der nicht vollständigen Asepsis der Irrigationsflüssigkeit
herzurühren, und ist diese in der That recht schwer zu
erreichen. Dies soll noch des näheren in Teil II, Absatz 5
gezeigt werden, woselbst ich über die Herstellung aseptischer Spülflüssigkeiten und den von mir gebrauchten Irrigator ausführlich handeln werde. Die bei der Operation
nicht zur Verwendung gelangten abgekochten Tupfer so-

wie die in Sublimatlösung abgekochte Watte, welche zunächst ja nur zur desinfizierenden Abreibung der Haut
nach deren mechanischen Reinigung bestimmt war, werden
nach Beendigung der Operation von mir kräftig ausgedrückt
und sodann direkt auf die Wunde, wenn es sich beispielsweise um einen Bauchschnitt handelt, als aseptischer Verband aufgelegt, unter dem dann prima reunio eintritt.
Darüber kommt gewöhnliche entfettete Watte, die mittels
eines zusammengesteckten Handtuches festgehalten wird.
Die feuchte Watte adaptiert sich als Verband besser als
die trockene, und sie scheint auch als (antiseptischer) Pries-
nitz schmerzstillend zu wirken. Nach kurzer Zeit ist sie
schon trocken.

Zur Abgrenzung des Operationsgebietes, welches auf
das sorgfältigste desinfiziert sein muss, gegen dessen nächste,
nicht keimfreie Umgebung werden nach der bisherigen
Methode leinene und in Dampf sterilisierte Tücher verwendet, die rings um das Operationsfeld herum ausgebreitet werden und das ganze nicht aseptische Gebiet, die
nicht desinfizierten Körperteile sowohl wie die Kleidungs-
stücke der Kranken bedecken. Es soll hierdurch hauptsächlich eine Berührung der letzteren mit den sterilen
Händen des Operateurs und Assistenten, oder den Instrumenten vermieden werden, die sonst einer Infektion an-
heimfallen und dieselbe in die Wunde bringen könnten.
Solche in Dampf sterilisierte Leinentücher, deren Zahl in
der Regel mindestens vier beträgt, haben den Nachteil,
dass sie sich ausserordentlich leicht verschieben. Kann
doch sogar direkt eine Gefährdung der Asepsis des Operationsfeldes durch sie eintreten! Wenn das Tuch, nachdem es mit seiner unteren Fläche dem nicht aseptischen
Bezirke angelegen hatte, plötzlich auf das Operationsfeld
hin verschoben wird, gelangen leicht Keime auf dasselbe
durch Uebertragung. Ein weiterer Fehler ist, dass die
Ränder des Tuches, wie dies bisher der Fall war, nicht
ringsherum auf der Haut, die sie abgrenzen sollen, fest

aufliegen, sondern von dieser stellenweise oft weit abstehen. Die Möglichkeit, dass infektiöse Stoffe unter den Rändern der Tücher hervor auf die Wunde dringen, ist ohne weiteres klar.

Um beide Gefahren, sowohl die Verschiebung der einzelnen Tücher gegen- und aufeinander sowie nach dem Operationsfelde hin zu vermeiden, als auch das Abstehen der Tuchränder von der Haut zu verhindern, gebrauche ich ein einziges grosses Tuch, welches ungefähr in seiner Mitte einen länglich runden, der Grösse des Operationsfeldes entsprechenden Spalt hat und nass zur Verwendung kommt. Der Körper der Kranken wird durch dasselbe von der Brust bis zu den Knieen herab sowie an den Seitenteilen bis unterhalb der Platte des Operationstisches vollständig bedeckt. Die Ränder des Tuches haften infolge der mässigen Durchnässung während der ganzen Dauer der Operation ringsherum an der Haut fest, entsprechend der Grenze des Operationsfeldes, besonders wenn sie an diese angedrückt wurden. Die Feuchtigkeit macht das Tuch auch schwerer, so dass es schon deshalb besser anliegt.

Die Asepsis dieses Tuches wird in folgender Weise hergestellt. Es wird zunächst in einer der emaillierten Schüsseln eine Sublimatlösung mit gewöhnlichem Wasser bereitet. Das Tuch wird hierauf zusammengeschlagen, so dass es bequem in der Schüssel Platz findet und voll und ganz in der Flüssigkeit untertaucht. Macht dies Schwierigkeiten, so wird das Tuch mit dünnem Leinenband zusammengebunden. Der Deckel wird auf die Schüssel aufgelegt, letztere wird auf die Flamme gesetzt und, sobald das Wasser ins Sieden gekommen ist, noch weitere 5 bis 10 Minuten darüber belassen. — Nachdem ich meine Hände für die Zwecke der Operation ausreichend desinfiziert habe, greife ich kurz vor Beginn derselben das Tuch aus der Lösung selbst heraus, entfalte es, ringe es möglichst gut aus und breite es über das Operationsgebiet

weg, dessen Desinfektion der Assistent inzwischen besorgt
hatte. Meist lasse ich gleichzeitig in der Schüssel eine
Handbürste mit aufkochen. Nach Entnahme des Tuches
findet dann die Schüssel als Desinfektionsschale passende
Verwendung. Ueber die Art, wie ich bei Operationen in
Steissrückenlage die Abgrenzung des aseptischen Operationsgebietes von dessen nicht aseptischer Umgebung er-
ziele, sowie über die zur Verwendung kommenden Operationsmäntel und Handtücher werde ich im Teil II, Abschnitt
6 und 7 sprechen.

3. Unterbindungs- und Naht-Material.

Entsprechend den Ausführungen, die ich bei Besprech-
ung der bisher üblichen Vorbereitungen des Unterbindungs-
und Nahtmaterials in Bezug auf die verschiedenen hierbei
zur Verwendung kommenden Stoffe gemacht habe, benutze ich Seide (vergl. I. Teil, Absatz 4). Die Seide wird
nach meiner Methode in der Weise keimfrei gemacht, dass
in einer der emaillierten Schüsseln eine Sublimatlösung
mit gewöhnlichem Wasser hergestellt, und auf Röllchen
gewickelte Seide in dieselbe eingelegt wird. Die Schüssel
wird nach Auflegen des Deckels über die Flamme gestellt, und sobald das Wasser ins Sieden gelangt ist, noch
weitere 20—30 Minuten über derselben belassen. Von
einer der anwesenden Personen, deren Hände nicht keimfrei zu sein brauchen, wird die Schüssel alsdann auf den
Instrumententisch gestellt und der Deckel derselben abgenommen. Nunmehr kann der Operateur, der inzwischen
seine Hände für die Zwecke der Operation ausreichend
desinfiziert hat, unmittelbar vor Beginn derselben die Seide
aus der Lösung selbst herausheben und die Fäden zurecht-
schneiden. Ist die Lösung noch heiss, so hebt er die
Seide mit einer im Instrumentenkochgefäss bereitstehenden,
durch Abkochen gleichfalls sterilisierten Pincette oder
Kornzange heraus.

Durch den mit der Schüssel und ihrem Inhalte vorgenommenen Kochprocess wird eine vorzügliche Keimfreiheit erreicht nicht allein hinsichtlich der Seide selbst und des Röllchens, auf welches dieselbe aufgewickelt ist, sondern auch hinsichtlich des zur desinfizierenden Lösung verwendeten Wassers selbst, sowie des in diesem zur Anwendung gelangten, anfangs in pulverförmigem Zustande befindlichen und deshalb bis zur erfolgten Verflüssigung selbst noch nicht keimfreien Antiseptikums. Es wird aber auch weiterhin eine vollständige Keimfreiheit hinsichtlich der ganzen Innenwand der Schüssel bis zum obersten Rande derselben herauf erreicht, mit der die sterilen Hände und Vorderarme des Operateurs während der Operation in Berührung treten (vergl. II. Teil, Absatz 1). Die durch den Kochprocess erreichte Keimfreiheit der genannten Objekte ist eine vollendete und absolute. Sämtliche Objekte werden mit einem Schlage zusammen auf einmal und zwar durch ein und denselben Sterilisationsvorgang keimfrei gemacht. Es geschieht dies ohne jede Umständlichkeit und ohne Zeitverlust. Die nie ganz zuverlässigen Hände dritter Personen brauchen die Objekte selbst nach erfolgter Sterilisation derselben nicht noch nachträglich zum Zwecke weiterer Vorbereitung anzufassen.

Nach den bisher üblichen Methoden der Asepsis wird die auf Röllchen gewickelte Seide im Dampfsterilisator sterilisiert und hierauf oder gleichzeitig mit ihr das Gefäss, in welches die zur Aufbewahrung dienende antiseptische Lösung geschüttet wird. Das zur antiseptischen Lösung selbst verwendete Wasser muss für sich und zwar durch einen eigenen Prozess im Wassersterilisator keimfrei gemacht werden. Nachträglich werden die Objekte zusammengestellt. Dass, wenn man korrekt verfahren will, die Objekte, sobald sie keimfrei gemacht sind, nicht mehr mit anderen Händen als denen des Operateurs in Berührung kommen dürfen, habe ich unter Angabe der

Gründe bereits mehrfach dargethan. Ebenso habe ich
ausführlich darüber gehandelt, welche Unsicherheiten in
Bezug auf die Asepsis schon der Gebrauch des Wassersterilisationsapparates an sich, sowie der des Dampfsterilisators bedingen (vergl. I, Teil Abs. 1 u. 3). Das bisher
übliche Verfahren ist demnach auf alle Fälle aseptisch nicht
zuverlässig, ferner aber umständlich und zeitraubend. Dass
die Sterilisierung von Seide auf Vorrat für mehrere Tage
oder Wochen, und die Aufbewahrung derselben in der
Zwischenzeit in Glaskästen, die mit antiseptischer Lösung
gefüllt sind, sehr umständlich und vor allem vom aseptischen Standpunkte aus zu verwerfen ist, habe ich oben
ebenfalls erörtert (vergl. I. Teil Abs. 3). Zunächst müssen
diese Glaskästen, deren Innenwand vollständig keimfrei
zu machen ist, zu diesem Zwecke entweder im Wasser
gekocht oder im Dampf sterilisiert werden, ehe die keimfrei gemachte Seide in sie eingebracht wird. Das zur
antiseptischen Lösung verwendete Wasser muss um keimfrei zu sein, im Wassersterilisator sterilisiert werden, und
das Antiseptikum muss, wenn es ein trockenes Pulver ist,
ebenfalls keimfrei gemacht werden. Die Glasgefässe müssen
weiterhin nachträglich luftdicht verschlossen sein, damit
kein Staub eindringt. Der luftdichte Verschluss solcher
Glasgefässe aber ist technisch unmöglich. Von der Ver-
kittung, die den aseptischen Charakter stören würde,
brauche ich wohl nicht erst zu reden. Aber es würde
selbst ein luftdichter Verschluss die Asepsis noch nicht
verbürgen. Ist nämlich die während der ersten Operationen in das Gefäss hineingreifende Hand nicht tadellos
keimfrei, sondern bringt sie Infektionsstoffe ein, so haben
diese in der Zeit, die bis zu den nächsten Operationen
verstreicht, Musse genug, sich in ungeheurer Menge zu
vermehren und die auf Röllchen gewickelte Seide zu infizieren. Dass die antiseptische Sublimatlösung nicht ausreicht, hiergegen zu schützen, hat *Schimmelbusch* ausführlich dargethan. Ein Bluttropfen, der in die Lösung ge-

langt und sich in ihr verteilt, würde fernerhin einen
günstigen Nährboden bilden. Auch wenn man nach jeder
Operation neue antiseptische Lösungen einfüllt, was übrigens, wenn es korrekt geschehen soll, sehr umständlich
ist, würden die aseptischen Verhältnisse nicht wesentlich
gebessert sein (vergl. I. Teil, Abs. 3).

Als einen nicht unwesentlichen Fortschritt betrachte
ich den Vorschlag, die Achse der Röllchen, auf die die Seide
aufgewickelt wird, nicht aus einem röhrenförmigen Cylinder
mit soliden Wandungen bestehen zu lassen, weil hierbei
das Wasser nur schwer in die untersten Schichten der
Seide, die demselben aufliegen, vordringen kann. *Schimmelbusch* ersetzt die soliden Wandungen dieses Cylinders durch
eine Reihe von Stäbchen, welche in geringen Zwischen-
räumen voneinander entfernt sind und den Eintritt des
Wassers auch vom Lumen der Achse aus gestatten (vergl.

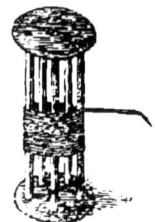

Fig. 7). Ich habe diese Idee dahin erwei-
tert, dass ich, um den Effekt zu steigern,
an jeder Rolle nur 3 solcher Stäbchen anbringen lasse und diese gleichzeitig zur
Bildung der Seitenteile der Rolle heran-
ziehe, so dass also auch diese nunmehr
keine soliden Wandungen haben, und das
Wasser auch von hier aus an die Fäden bequem herantreten kann. Die beistehende
Fig. 8 zeigt dies in der allereinfachsten
Weise. Weiter habe ich das Röllchen doppelt
so lang anfertigen lassen, als dies gewöhnlich geschieht, da hierbei nicht so viele
Lagen Seide aufeinander zu liegen kommen,
sondern dieselben sich nebeneinander an-
ordnen. Das Röllchen besteht aus Eisen
und ist weiss emailliert. Ich halte dieses
Material für besser als vernickeltes Metall, da es
von Sublimatlösung absolut nicht angegriffen

Fig. 7.

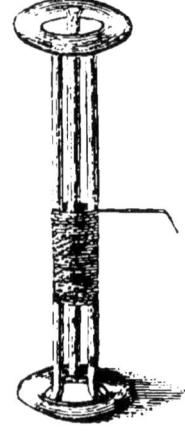

Fig. 8.

wird, und auch für besser als Glas, weil es

dauerhafter ist und nicht wie dieses, wenn es in eine bereits kochende Lösung geworfen wird, springt. Braucht man daher plötzlich mehr Seide während der Operation, als anfangs gekocht war, so kann man ein Röllchen rasch in die bereits für unvorhergesehene Fälle kochende Sublimatlösung legen. Der Desinfektionsprozess beginnt sofort. Man braucht das Wasser nicht kalt anzusetzen und den Eintritt des Kochens erst abzuwarten. Auch gegen Alkohol ist das emaillierte Röllchen gleich resistent und es kann deshalb zur Präparation von Catgut nach der *von Bergmann*schen Methode, die *Schimmelbusch* beschreibt, Verwendung finden.

Handelt es sich um die Herstellung absolut aseptischer Seide für die Privatpraxis, wo das Kochen in Schüsseln wegen zu grosser Eile wie in geburtshilflichen Fällen nicht thunlich ist, so verwende ich auf Vorrat präparierte Seide und verfahre dabei in folgender Weise.

Eine Anzahl Glasfläschchen mit weitem Halse, in deren jeder ein Röllchen mit aufgewickelter Seide sich befindet, werden in ein grösseres Emaillegefäss gestellt, welches mit aus gewöhnlichem Wasser hergestellter Sublimatlösung gefüllt ist. Der Flüssigkeitsspiegel steht über der Oeffnung der Fläschchen, so dass die Lösung in diese eingedrungen ist. (Vergl. Fig. 9.) Das Emaillegefäss wird über die Flamme gestellt, und die Sublimatlösung ins Kochen gebracht. Nach Eintritt des Siedens wird dieses 15—30 Minuten oder auch noch länger fortgesetzt. Durch die hierbei entweichenden Wasserdämpfe wird die Sublimatlösung konzentrierter, die Wassermenge geringer, der Flüssigkeitsspiegel sinkt unter die Oeffnung der Glasflaschen herab, so dass die Hälse derselben frei emporstehen. (Vergl. Fig. 10.) Die Glasflaschen sollen alle möglichst gleich hoch sein. Gleichzeitig wurden vor Beginn der Abkochung die zum definitiven Verschluss der Flaschen bestimmten Korke in die Sublimatlösung eingelegt und durch die erfolgte Abkochung ebenfalls keimfrei gemacht. Jetzt kann man nun die einzelnen Flaschen

herausheben und sie verkorken, um sie dann hinterher
äusserlich abzutrocknen. Geht man dabei mit einigem
Geschick vor, so braucht man hierzu gar keine aseptisch
gemachte Hand, und man spart die Zeit, die zu deren
Herstellung sonst nötig gewesen sein würde. Denn die
keimhaltigen Finger fassen ja nicht in die Sublimatlösung,
in der die Röllchen liegen, sondern nur in diejenige, die
die Flaschen äusserlich noch umgiebt, hinein. Die Sublimatlösung hat sich von dem Moment an, wo der Flüssigkeitsspiegel derselben unterhalb der Flaschenöffnung fiel,
in 2 Teile getrennt. Der eine Teil, welcher sich innerhalb
der Fläschchen befindet, dient zur andauernden Aufbewahrung der in ihr liegenden Seide und des Röllchens.
Der andere Teil der Sublimatlösung, welcher ausserhalb
der Fläschchen sich befindet, wird nach Entnahme derselben weggeschüttet. Die Korke nimmt man vorher vorsichtig heraus und greift sie nur an dem Teil an, der
nach erfolgter Verkorkung nicht in die Flasche hinein-
sieht, sondern nach aussen hervorsteht und für die Zu-
kunft nicht keimfrei gehalten werden soll. Bei diesem
Verfahren wird Seide, Röllchen, Innenwand der Flasche
und Kork, sowie die in der Flasche befindliche Sublimatlösung durch das Kochen mit einem Schlage vollständig
und auf präciseste Weise keimfrei gemacht. Praktisch ist
besonders wichtig, dass bei Herstellung noch so vieler
Fläschchen nicht mehr Zeit nötig ist, als bei Herstellung
eines einzigen. Die Seide ist selbst nach halbjähriger Aufbewahrung noch vollständig steril und, wie diesbezügliche
Untersuchungen gezeigt haben, sofort für eine Laparotomie
brauchbar.

Ist ein Fläschchen einmal eröffnet und von seinem
Inhalt gebraucht worden, so wird die Seide bei nächster
Gelegenheit erst wieder von neuem sterilisiert, ehe sie zu
weiterer Verwendung kommt. Jedenfalls ist bei etwaigem
nicht korrekt aseptischen Vorgehen nur dieses eine Röllchen unbrauchbar geworden, und nicht wie bei den

Glasgefässen, in denen eine grössere Anzahl Röllchen in einer einzigen Lösung zusammen liegen, diese alle auf einmal. Nach der bisherigen Methode muss man die Fläschchen im Dampfsterilisator $^3/_4$ Stunde lang sterilisieren, die Sublimatlösung und Röllchen für sich kochen,

Fig. 9.   Fig. 10.

hierauf die Flaschen einzeln füllen und die Röllchen in dieselben einbringen. Letztere Verrichtung setzt einen hohen Grad aseptisch-logischer Durchbildung sowie vollständig aseptisch gemachte Hände voraus, wenn keine Fehler unterlaufen sollen. Das ganze Verfahren aber ist umständlich, zeitraubend und trotz aller Vorkehrungen nach dem im Teil I, Abs. 1 u. 3 Gesagten aseptisch nicht zuverlässig. Je mehr Fläschchen man fertig stellen will, desto mehr Mühe und Zeit braucht man.

Handelt es sich um die aseptische Präparation von Gummischläuchen, die man zur Blutstillung oder anderen Zwecken nötig hat, so werden dieselben ebenfalls in einer der emaillierten Schüsseln nach den bisher entwickelten Prinzipien gekocht und dadurch keimfrei gemacht. Jedoch werden sie nicht in Sublimatlösung, sondern in solcher von Karbolsäure gekocht und erst dann in die antiseptische Lösung hineingeworfen, wenn diese bereits siedet. Sie dürfen aber auch nicht länger als 3—5 Minuten in ihr verweilen, damit der Gummi keinen Schaden nimmt und seine Elastizität und Festigkeit nicht verliert. Das Lumen des Gummirohres muss für die kochende Lösung

stets durchgängig sein. Der Gummischlauch darf nicht
geknickt liegen. Zu diesem Zwecke wird der Gummi,
wenn es sich um einen längeren Schlauch handelt, in
Kreistouren schneckenartig zusammengerollt und dünne
Gummibändchen halten an 4 Punkten die Schläuche zusammen. (Vergl. Fig. 11.) Bei kür-
zeren Schlauchstücken genügt es,
wenn man die Endteile derselben
mittels eines dünnen leinenen Bandes locker zusammenbindet und
durch Verkürzung desselben diese
einander nähert. (Vergl. Fig. 12.)

Fig. 11.

Fig. 12.

Werden noch andere Objekte zu der Operation gebraucht,
so werden dieselben ebenfalls in je einer der emaillierten
Schüsseln gekocht und gelangen während der Operation
aus dieser direkt zur Verwendung.

Diese in den voranstehenden Abschnitten meiner Arbeit
ausführlicher dargestellte und von mir angegebene Methode,
welche eine absolute Asepsis der zur Operation nötigen
Objekte bei grösster Einfachheit der Handhabung ermöglicht, habe ich anfangs nur bei der Laparotomie und der
vaginalen Uterusexstirpation, da bei letzterer das Peritoneal-
cavum ebenfalls eröffnet wird, in Anwendung gezogen.
Später habe ich mich derselben aber ausnahmslos bei allen
Operationen wegen ihrer Sicherheit, Schnelligkeit und
Einfachheit bedient. Bei plastischen Operationen gebrauche
ich ausserdem zum Zwecke der permanenten Wundberieselung einen von mir angegebenen und ebenfalls unter den
Gesichtspunkten meiner Methode konstruierten Irrigator,
der im Teil II, Abs. 5 näher beschrieben und abgebildet ist.
Zu der von mir angegebenen Methode der absoluten
Asepsis, wie sie in den voranstehenden Abschnitten geschildert ist, eignen sich nur emaillierte Schüsseln. Schüsseln aus Porzellan, Steingut oder Glas würden zu schwer

kochen, Schüsseln aus Metall würden von der Sublimatlösung zu sehr angegriffen werden, ebenso Weissblech.
Jedoch sind nicht alle emaillierten Schüsseln des Handels
dazu brauchbar. Beim Ankauf solcher Schüsseln muss
man nämlich in der Güte der Emaillierwaren gut Bescheid
wissen, um keinen Fehlkauf zu thun. Die Emaillierwaren
zerfallen in sogenannte »gefalzte« und »gestanzte« Artikel.
Die gefalzten Artikel sind aus mehreren für Wandungen
und Boden zurechtgeschnittenen Stückchen Blech, die
durch sogenannte Falzung oder Vernietung verbunden
werden, zusammengesetzt. Die gestanzten Artikel dagegen
sind nur aus einem einzigen zusammenhängenden Stücke
Blech hergestellt, welches durch den Stanzprozess seine
Form erhalten hat. Während man nun zu Falzartikeln
das gewöhnlichste Eisenblech verwenden kann, sind zur
Herstellung von gestanzten Artikeln nur die feinsten Stahl-
bleche verwertbar, da nur diese den Stanzprozess aushalten, ohne dabei zu brechen. Das Stahlblech muss um
so besser sein, je grösser der zu stanzende Apparat werden soll.

Die Güte und Dauerhaftigkeit eines Email ist nun in
erster Linie nicht sowohl von der Güte des Email an sich
abhängig, als von der Güte des zur Verwendung kommenden Stahlbleches. Diese Thatsache ist leider wenig bekannt, und liegt hierin auch die Erklärung dafür, dass
von den Hausfrauen die einen, weil sie, freilich unbewusst,
gestanzte Artikel gebrauchen, das Email nicht genug zu
loben wissen, während die anderen, weil sie, freilich ebenso
unbewusst, gefalzte Sachen verwenden, da diese im Preise
billiger sind, diese nur zu tadeln bestrebt sind. — Bei den
gefalzten Artikeln springt das Email sowohl entlang der
Falzränder wie an den vernieteten Stellen leicht ab, und
es tritt Rostbildung ein. Dies ist bei gestanzten Artikeln
nicht der Fall. Diese haben aber noch weiter den Vorzug, dass die spitzen Ecken und Kanten, die sich an gefalzten Gegenständen finden, bei ihnen abgerundet sind,

und sie lassen sich daher mit Bürste, Soda, Sand, Seife
und heissem Wasser leicht reinigen. — Es ist klar, dass
zur Anwendung meiner Methode sich nur gestanzte Schüsseln eignen. Auch die Deckel derselben mit dem über-
schlagenden Rand (vergl. Fig. 5 und 6) dürfen nicht gefalzt sein. Es liefern jedoch die verschiedenen Fabriken
auch in gestanzten Artikeln Fabrikate von sehr verschie-
denem Werte. — Bei der letzten Lieferung, die ich nunmehr seit 15 Monaten fast täglich gebrauche, ist das Email
beinahe unversehrt und wie neu, während ich früher
bisweilen Schüsseln ankaufte, die bereits nach wenigen
Wochen unbrauchbar waren. Diese guten Schüsseln sind aus
der Fabrik von Gebr. *Baumann*, Emaillier- und Stanzwerke
Amberg in Bayern. Ich habe daher dieser Firma gegenwärtig die Fabrikation übertragen und die Schüsseln als
Gebrauchsmuster schützen lassen, damit nicht durch wert-
lose Nachahmungen mein Verfahren in den Händen der
Kollegen diskreditiert wird. Die Farbe der Schüsseln und
des Deckels ist aussen grau meliert und innen weiss. Auf
Wunsch werden auch solche fabriziert, die innen und aussen
ganz weiss sind. Jedoch hat dies einen besonderen Wert nicht.

Die Schüsseln müssen, damit sie sich gut halten, nach
jedesmaligem Gebrauche sorgfältig und zwar möglichst
bald abgetrocknet werden, selbstverständlich nachdem sie
vorher gescheuert sind. Was die Grösse der von mir angewendeten Schüsseln anbetrifft, so bemerke ich, dass der
grösste Durchmesser derselben, welcher sich am obersten
Rande befindet, 29—30 cm beträgt, und dass diese Grösse
für fast alle Fälle ausreichend ist. Ich lasse fast regelmässig in eine jede Schüssel 2 Liter Wasser einfüllen, wobei
dann der Spiegel des Wassers ringsherum noch 5 cm weit
vom obersten Rande der Schüssel entfernt bleibt. Die
Schüsselform ziehe ich jeder anderen Gefässform, insbesondere der des Topfes vor, weil Schüsseln nach erfolgter
Abkochung am leichtesten abkühlen, und die Objekte in
ihnen viel besser als in jedem anderen Behälter erkennbar

sind. Sie lassen sich deshalb während der Operation in
sehr bequemer Weise entnehmen, auch wenn der Operateur, wie ich dies prinzipiell thue, diese Verrichtung selbst
übernimmt. Für die Zwecke der Privatpraxis ist der Gebrauch der Schüsseln noch besonders deshalb praktisch,
weil dieselben beim Transport wenig Raum beanspruchen.
Setzt man beispielsweise sechs oder mehr solcher gleich-
grosser Schüsseln zum Zweck der Verpackung ineinander,
so nehmen diese nicht viel mehr Platz in Anspruch, als
eine einzige Schüssel allein. Es ist dies in Fig. 5 sowie
in Fig. 14, wo auf dem unteren Tischbrett eine Reihe
solcher ineinander gesetzter Schüsseln abgebildet sind, veranschaulicht. Für die Privatpraxis braucht man zudem
nur einen einzigen Deckel, weil die Schüsseln nacheinander
gekocht werden müssen. Der Transport und die Verpackung
dieses einen Deckels hat, wenn er auf die oberste Schüssel
gelegt wird, keinerlei Umständlichkeit im Gefolge.

Zur Heizung der Schüsseln selbst kann man sich des
Herdfeuers bedienen, wenn solches vorhanden ist. Allein
in der Privatpraxis trifft man die Kochherde meist in wenig
gutem Zustande, so dass schon ihre Anheizung mit grossem
Zeitverlust verbunden ist. Sie befinden sich fernerhin weit
von demjenigen Zimmer entfernt, in dem die Operation
vorgenommen werden soll, da sie meistenteils in der Küche
angebracht sind. Es ist hierdurch eine Ueberwachung
der einzelnen Abkochungen, die nacheinander geschehen
müssen, für den Arzt meist sehr umständlich und zeitraubend. Ein weiterer Nachteil besteht darin, dass die
aus den Schüsseln aufsteigenden Dämpfe nicht zur Durchfeuchtung der Luft des Operationszimmers selbst Verwendung finden, wie dies der Fall ist, wenn die Abkochungen
im Operationsraum selbst statthaben. Auf die Feuchtigkeit der Luft im Operationsraum aber dürfen wir keineswegs verzichten, da diese wie *Schimmelbusch* auf Grund der
Ergebnisse zahlreicher Forscher dargethan hat, und wie

im nächsten Absatz genauer erörtert werden soll, die Keimfreiheit der Luft verbürgt. Eine andere Möglichkeit zur
Heizung in der Privatpraxis ist die Benutzung der Zimmer-
öfen. Sie scheitert indessen gewöhnlich an dem Umstande,
dass die Ofenröhren viel zu schmal sind, und der Ofen
eine viel zu geringe Heizkraft entwickelt. Da Gasheizung
in den Privatwohnungen noch seltener und jedenfalls nie
in hinreichender Weise zu finden ist, so bleibt uns nur die
Heizung mit Spiritus übrig. Und in der That ist diese,
da Spiritus überall leicht und schnell zu beschaffen ist,
das einzige richtige Auskunfsmittel. Freilich ist zu be-
dauern, dass die dabei in Anwendung kommenden Spiritusbrenner meist viel zu zögernd die Erhitzung besorgen.
Die Döchte, die die Flamme liefern, werden häufig und
zwar besonders beim Transport insuffizient.

Weiterhin zerbrechen die Glasbassins, in die der Spiritus eingegossen wird, leicht. Das Auslaufen von Spiritus
in die Verbandtasche ist zwar für diese unschädlich, aber
der Spirituskocher mit dem zerbrochenen Bassin ist für
die Heizung untauglich geworden und letztere daher unmöglich. — Ich habe aus diesen Gründen einen Spirituskocher konstruiert, bei dem alle diese Nachteile vermieden
sind, und der sich während der Dauer seiner Anwendung,
die sich nunmehr auf weit über 2 Jahre erstreckt, ausserordentlich bewährt hat. Fig. 15 und 16 zeigt den Apparat,
wie er zur Heizung des Instrumentenkochgefässes benutzt
wird, und Fig. 5 zeigt denselben, wie er zur Heizung der
Schüsseln verwendet wird. In letzterem Falle liegt zwischen
Schüssel und eigentlichem Kocher ein Rost, um einen
sicheren Stand der Schüssel zu ermöglichen. Dieser Spirituskocher lässt sich leicht in seine einzelnen Bestandteile zerlegen, und diese wiederum lassen sich bequem ineinander
verpacken, wie dies in Fig. 13 angedeutet ist. Zum Schluss
wird ein Gummiband quer über den Deckel hinweg gezogen ähnlich wie in Fig. 17. Die Verpackung ist auf
diese Weise sehr fest, der Spirituskocher besteht dann aus

einem kleinen, flachen viereckigen Kästchen, welches sich
in jeder Rocktasche unterbringen lässt. Docht und Glas
kommen beim Gebrauch überhaupt nicht zur Verwendung.

Den Spiritus nehme ich nicht selbst mit, sondern lasse
ihn durch die Kranke besorgen, da er überall leicht er-
hältlich ist. Man lasse den Spiritus (denaturatus) aber
womöglich aus der Apo-
theke oder einer guten
Droguenhandlung holen, da
der gewöhnliche Spiritus
aus dem Kaufmannsladen,
weil er minderprozentig und
mit Wasser verdünnt ist,
häufig schlecht brennt.

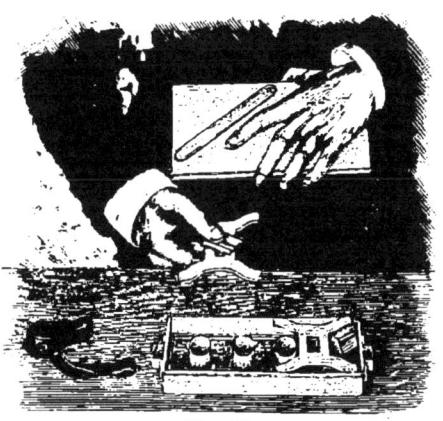

Fig. 13.

Die Heizkraft des Ko-
chers ist eine so enorme,
dass er das grösste Instrumentenkochgefäss, wenn
dieses mit 10 Liter kalten
Wassers aus der Leitung gefüllt ist, innerhalb 12 Minuten
ins wallende Sieden bringt. (Vergl. Fig. 15.) Das Bassin
des Spirituskochers fasst soviel Spiritus auf einmal, dass
der Apparat, nachdem das Wasser ins Sieden gekommen
ist, noch volle 15 Minuten weiter kocht. Ich brauche eine
solche enorme Heizkraft, wie sie mein Spirituskocher liefert,
da ich die einzelnen Schüsseln nacheinander abkochen
lasse, und dies schnell vor sich gehen muss. Das Ver-
löschen geschieht durch Auflegen des Deckels, wie Fig. 15
darthut. Auch zur Herstellung grösserer Mengen heissen
Wassers, wie es zum Scheuern des Operationsraumes und
zum Waschen der Hände nötig ist, kommt der Kocher in
Anwendung. Letztere Verrichtung muss vor meinem Erscheinen besorgt sein. Sobald ich eintrete, beginnt direkt
unter meiner Aufsicht die Abkochung der Schüsseln, und
damit die Herstellung der Asepsis sämtlicher Objekte unter
meinen Augen. In der Regel vergeht, ehe die zahlreichen

Gefässe, die eine Laparotomie erfordert, durchgekocht sind,
fast eine Stunde. Die Watte- und Gazeschüsseln werden
zuerst gekocht, da diese am langsamsten abkühlen, weil
sie im Innern noch mit einem beschwerenden Teller bedeckt sind (s. Teil II, Abschnitt 3). Während dieser Zeit füllt
sich der Operationsraum mit Dampf und eine ausserordent-
liche Durchfeuchtung der Luft wird bewirkt. Die Ausführung der Abkochung überwache ich von der ersten Schüssel
an bis zur letzten, indem ich mich im Operationsraum
beständig aufhalte. Während dieser Zeit finde ich Gelegenheit, mich selber für die Laparotomie genügend vor-
zubereiten. Ich wasche mir Kopf- und Barthaar, sowie
Gesicht mit Seife und Wasser und nehme hierauf eine
ausserordentlich gründliche Reinigung der Hände und
Arme mit heissem Wasser, Schmierseife, Sand und Bürste
vor. Es bleibt dann nicht viel Zeit mehr zum vergeb-
lichen Warten übrig. Von einem Vollbade sehe ich seit
Jahren ganz ab. Denn was verschlägt es, wenn zwischen
meinen Fusszehen oder in der Analfalte infektiöse Stoffe
sitzen. Mit diesen Köpergegenden kommt die Operationswunde nicht in Kontakt, und durch die Luft hindurch
marschieren die Keime auch nicht zur Wunde, wie wissen-
schaftlich experimentell endgültig festgestellt ist. Dem-
gegenüber halte ich es für ganz verkehrt, wenn Operateur
und Assistent ein Vollbad nehmen, und sie dies noch dazu
ausserhalb des Hauses thun, in dem die Operation vorgenommen werden soll. Unterwegs kommen sie mit der
staubhaltigen Luft der Strasse, die sich in Gesicht und
Haaren festsetzt in Berührung. Schon das Aufsetzen des
Hutes, in dessen Schweissleder stets zahlreiche Mikroorganismen sich befinden, gefährdet Stirn und Kopfhaar. Wird
das Vollbad in dem Hause, wo die Operation stattfindet,
genommen, so ist das nachträgliche Betreten der stets
mehr oder weniger staubhaltigen Korridore zwar unvermeidlich, auf jeden Fall aber den Zwecken der Asepsis
ebenfalls nicht dienlich.

Alle diese Fehler hingegen werden mit Sicherheit aus-
geschaltet, wenn man in der von mir angegebenen Weise
verfährt. — Kopf- und Barthaar, sowie Gesicht sind nach
der im Operationsraume selbst erfolgten Waschung keiner
solchen Infektion ausgesetzt, infolge der hier vorhandenen
feuchten und keimfreien Luft. Ausserdem bleiben sie feucht
während der ganzen Dauer der Operation, so dass nicht
Schuppen und Schmutz von ihnen aufs Operationsgebiet
niederfallen können. Nur hüte man sich, zu dieser Kopf-
waschung Schmierseife zu verwenden. Durch die auf-
lösende Wirkung, die dieselbe auf das Haar ausübt, würde
gar mancher seine Erfahrungen mit einer gehörigen Glatze
bezahlen müssen. Man nehme vielmehr eine gewöhnliche,
oder besser überfettete Seife. Sofort nach der Operation
öle man das Haar aus gleichem Grunde reichlich ein. Zu
warnen ist auch vor dem Gebrauch des heissen Wassers
beim Kopfhaar.

Für die Zwecke der Privatpraxis, wo man darauf an-
gewiesen ist, die einzelnen Schüsseln nacheinander zu
kochen, ist ohne Zweifel mein transportabler Spirituskocher das einfachste, schnellste und praktischste Mittel.
Für klinische Zwecke aber und bei Anhäufung einer grösseren Anzahl von Operationen ist es wünschenswert die
zur Sterilisation nötige Zeit möglichst abzukürzen, besonders damit der Arzt, dessen Anwesenheit wir während der
ganzen Dauer der Sterilisation fordern, vor Uebermüdung
geschützt sei.

Hier tritt die Gasheizung in ihr Recht ein. Seit etwa
einem halben Jahre habe ich mir einen Gaskochtisch bauen
lassen, auf dem sämtliche zur Abkochung bestimmten
Schüsseln und Gefässe auf einmal angesetzt werden und
auch zu gleicher Zeit auf einmal ins Kochen kommen.
Die Sterilisation noch so vieler Schüsseln und Gefässe
nimmt demnach nur soviel Zeit in Anspruch, wie die einer
einzigen.

Auf dem Tische, den Fig. 14 darstellt, stehen 10 Gaskocher, die für mittelgrosse Gefässe berechnet sind, und
2 Dampfkesselheizer, deren Heizkraft ausreicht, um ganz
grosse, mit mehr als 20 Liter Wasser gefüllte Kessel in
derselben Zeit zum Kochen zu bringen, die die übrigen
Kocher zur Erhitzung ihrer mittelgrossen Gefässe bedürfen.
Sämmtliche Gaskocher haben gute Luftzuführung und ver-
brauchen deshalb trotz des grossen Heizeffektes nur wenig
Gas, so dass bei täglichem Gebrauche der Konsum für den
ganzen Monat hindurch nur wenige Mark beträgt. Es ist
das Verfahren also neben seiner grossen Einfachheit und
Sicherheit auch noch denkbar billigst. Die einzelnen Gaskocher selbst sind mittels kurzer Gummischläuche mit je
einem an der vorderen und einem an der hinteren Lang-
seite des Tisches verlaufenden und daselbst befestigten
weiten Hauptgasrohre verbunden. Sie lassen sich an dessen
kleine Metallhähne leicht anstecken und von diesen abnehmen, wie dies zum Zwecke der Reinigung zeitweilig
nötig wird. Die Hauptgasrohre, welche am Tische angebracht sind, stehen von der Holzplatte desselben so weit
ab, dass der Tisch bequem gescheuert, und ebenso die
Hähne leicht geputzt werden können. In der Mitte des
hinteren Hauptrohres ragt ein kurzes Ansatzstück hervor,
an welches der von der Wand herabhängende, in der Abbildung ersichtliche starke Gummischlauch angesteckt wird.
Dieser bringt das Gas aus dem an der Wand angebrachten
Zuleitungsrohre herbei, an welchem sich ein Hauptsicher-
heitsverschluss befindet, vermittelst dessen man durch einen
einzigen Handgriff sofort sämtliches Gas vom Tische ab-
sperren kann. Ein gleicher Sicherheitsverschluss befindet
sich im Vorsaal, und ein ebensolcher ist im Gaszählapparat
in der Hausflur vorhanden.

Nur, wenn die drei Sicherheitsverschlüsse für den
Durchgang des Gases sämtlich offen stehen, ist man in
der Lage, die einzelnen Gaskocher anzünden zu können,
indem man das Gas durch Oeffnen der entsprechenden

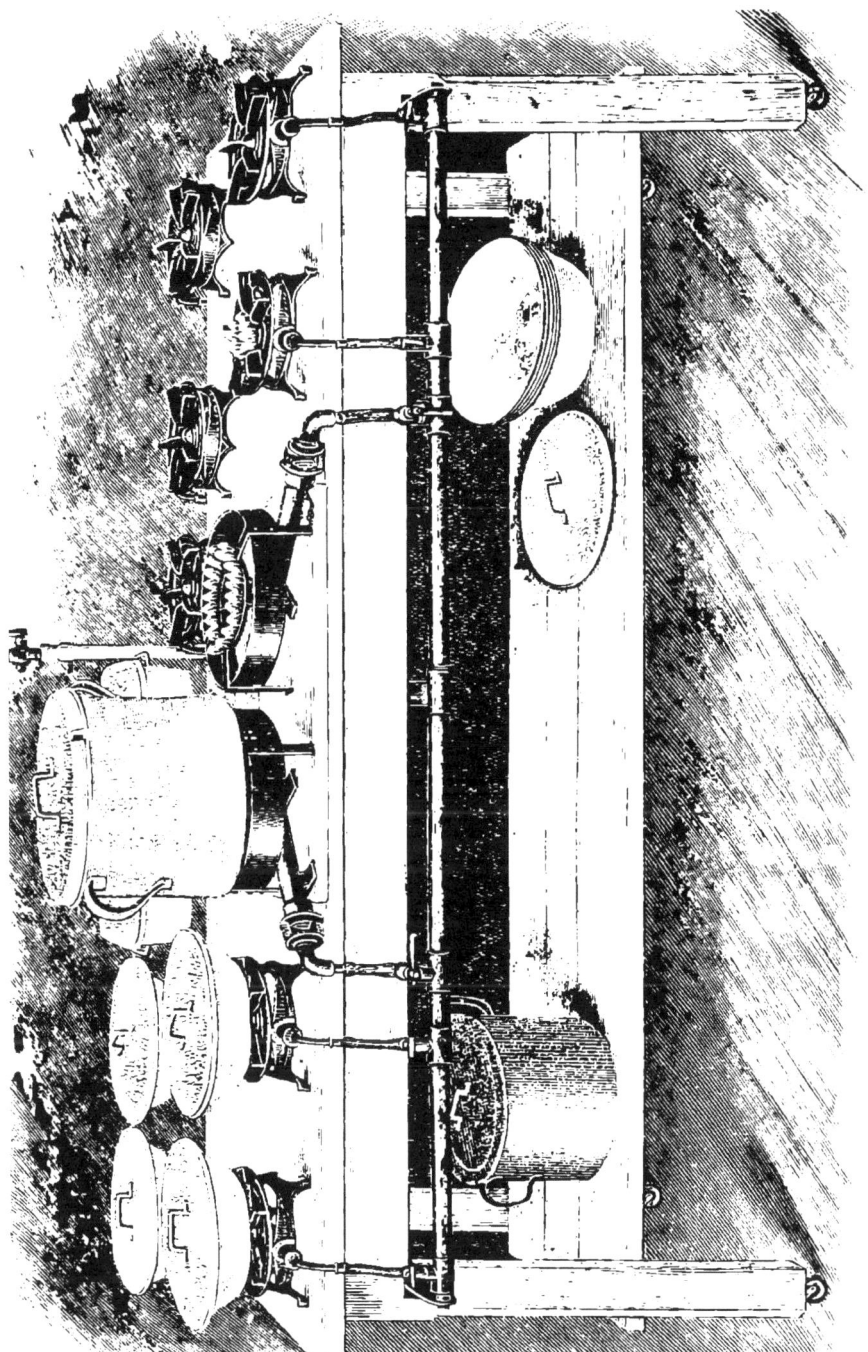

Fig. 14.

Messinghähne, welche die Zuführung aus dem unterhalb
der Tischplatte angebrachten Hauptrohre vermitteln, einströmen lässt. Der Tisch hat Rollen, und lässt sich leicht
nach der Wasserleitung, die an der entgegengesetzten Seite
des Operationszimmers angebracht ist, behufs Füllung der
Gefässe verschieben. Er steht absichtlich im Operationsraum selbst, damit dessen Luft durch die zahlreichen aus
den Gefässen aufsteigenden Dämpfe durchfeuchtet und
hierdurch, wie nochmals betont werden soll, gleichzeitig
keimfrei gemacht wird.

Sobald die Schüsseln und Gefässe ins Kochen gekommen sind, wird die Flamme, jedoch nur so weit, dass
kein Wasser überläuft, eingedreht. Sind die Kocher durchnässt oder gar schon gerostet, so werden sie am besten
unter Verwendung von Bürsten mit Klauenfett eingerieben.
Fabrikant ist *Hermann Müller*, Dresden, Reitbahnstrasse 33.

Nach erfolgtem Abkochen werden die Schüsseln von
irgend einer Person, deren Hände nicht aseptisch zu sein
brauchen, an den Platz gesetzt, welchen sie während der
Operation inne haben sollen. Selbstverständlich geschieht
dies in meiner Anwesenheit und unter meiner Kontrolle.
Am besten werden die Deckel erst hierauf von den Gefässen abgehoben. Man erlebt es nämlich sonst, dass die
anfassende Person mit ihrem Daumen in das Innere des
Gefässes hineingreift, dessen Asepsis doch so wichtig ist.
Ich habe mich überzeugt, dass dieser logische Denkfehler
selbst von »langjährig erprobten, zuverlässigen und in der
Asepsis bewanderten« Schwestern, die hierüber im Be-
sitze der besten Zeugnisse von Direktoren grosser Kliniken
sind, gemacht wird, und ich habe immer und immer
wieder die Lehre hieraus entnommen, wie nötig es ist,
dass der Arzt selbst alle Handgriffe, die für die Asepsis
von Bedeutung sind, überwacht. Aus diesem Grunde ziehe
ich es vor, das Zureichen der Instrumente, Tupfer und
anderen keimfreien Objekte während der Operation, sowie
das Einfädeln der Nadeln nicht etwa einer oder gar einigen

Schwestern zu übertragen, sondern ich besorge diese Verrichtungen im Interesse der Kranken selbst. Freilich erfordert dies Uebung und Geschick, zumal bei schwierigen und langdauernden Bauchoperationen. Ausser meinen Händen kommen nur noch die Hände eines einzigen Kollegen, der mein langjähriger Assistent ist, mit der Wunde und den sterilen Objekten in Berührung. Die Hände dieses Kollegen aber, von deren Desinfektion ich mich, da die Kontrolle nur diese eine Person betrifft, vor jeder Operation überzeugen kann, bleiben während der ganzen Dauer derselben direkt unter meinen Augen. Dasselbe gilt für Operationen in Steissrückenlage, besonders für die Exstirpatio uteri vaginalis, bei der *Landau* und andere 5 Assistenten benötigen. Dass man übrigens diese Operation auch ohne jeden Assistenten machen kann, das war ich in der Zwangslage am 3. November 1894 beweisen zu müssen. Bei einer Kranken, die an multiplen, das Becken bis in Nabelhöhe ausfüllenden Myomen litt, trat bei anfangs nur beabsichtigter Tamponade der Uterus infolge einer plötzlich auftretenden gewaltigen Blutung unerwartet die Notwendigkeit an mich heran, sofort die Myomen und den Uterus zugleich radikal exstirpieren zu müssen, das einzige Mittel, die Blutung beherrschen und das entfliehende Leben der Kranken retten zu können. Die Kranke genas reaktionslos.

Während der eigentlichen Operation lasse ich auf dem Gaskochtisch eine Schüssel, die mit Sublimatlösung, und eine solche, die mit Kochsalzlösung gefüllt ist, bei eingedrehter Flamme weiter sieden, um im Bedarfsfalle ohne Verzögerung Ersatz für die eben im Gebrauch befindlichen Schüsseln zu haben. Diese Einrichtung hat noch einen weiteren Zweck. Braucht man nämlich plötzlich mehr Gazetupfer oder Seide, als vorauszusehen war, so lässt man rasch neue Gazen in die Kochsalzlösung und neue Seidenröllchen in die Sublimatlösung einwerfen. Da die Schüsseln bereits kochen, so fällt die Wartezeit, die bis

zum Eintritt des Kochens sonst verstreichen müsste, weg.
Gazetupfer und Seidenröllchen müssen selbstverständlich
in genügender Menge in Vorrat gehalten werden. Wichtig
ist es, dass die Seidenröllchen in einem solchen Falle nicht
aus Glas sind, denn dieses darf nur mit kaltem Wasser
angesetzt werden und würde, wenn es, wie hier, unmittelbar in die kochende Lösung eingelegt wird, zerspringen.
Mittels Kornzange oder Pincette werden die Objekte aus
der heissen Lösung von mir herausgehoben. Neuerdings
habe ich auch einen der Kocher vom Gaskochtisch selbst
abgesteckt und direkt auf den Instrumententisch gesetzt.
Es lag mir daran, eine heisse Kochsalzlösung, die auf ihn
gestellt wird, in jedem Augenblicke neben mir bereit zu
haben. Der Deckel ist dabei von der Lösung abgedeckt,
die Flamme aber brennt unterhalb der Schüssel während
der ganzen Dauer der Operation fort und sorgt für genügende Erhitzung. Ein langer Gummischlauch, der mit
dem einen Ende am entsprechenden Hahne des am Tische
angebrachten Hauptrohres angesteckt ist und dessen anderes
Ende sich am Kocher selbst angebracht befindet, vermittelt
die Gaszuführung. Findet nämlich eine starke parenchyma-
töse Blutung in der Bauchhöhle statt, so tauche ich schnell
einen Gazezopf auf einen Moment in die heisse Kochsalzlösung ein und appliziere ihn dann sofort in die Bauchhöhle. Die Blutung wird hierdurch in vielen Fällen ausserordentlich prompt gestillt. —

. Braucht man steriles Wasser in grösserer Menge, vielleicht zu antiseptischen Lösungen, die man in Flaschen
aufbewahren will, so kann man dies auf eine einfache
Weise in aseptischen Zustand herstellen und erhalten sowie
gleichzeitig die Fehlerquellen, die beim Einschütten und
auch sonst entstehen könnten, vermeiden. Zu diesem
Zwecke füllt man die entsprechenden Glasflaschen zunächst
mit gewöhnlichem Wasser und setzt sie dann in einen
Emailletopf, in den man ebenfalls Wasser eingiesst. Indem
man diesen ins Kochen bringt, kocht zugleich die Flasche

mit dem in ihr befindlichen Wasser. Dieses und die Flasche selbst in ihrem Innern wird steril, desgleichen das Antiseptikum, welches selbstverständlich vorher und nicht hinterher zugesetzt werden muss. Nach erfolgter Abkochung steckt man den Kork, den man gleichzeitig in dem der Emailleschüssel zugehörigen Wasser gekocht hatte, auf. Es lässt sich ja auch die Flasche direkt über die Flamme setzen und samt Inhalt abkochen. Doch ist dies nicht praktisch, weil man hierbei zu viele umständliche Vorsichtsmassregeln anwenden muss, um das Zerspringen des Glases, welches direkt der Flamme ausgesetzt sein würde, zu vermeiden. Dieses Verfahren ist sehr sicher und einfach im Gegensatz zu den bisherigen Methoden, wo das Wasser im Wassersterilisator nach *Fritzsch* gekocht und die Glasflasche im Dampfsterilisator $^3/_4$ Stunde lang sterilisiert wird. Auch wenn sich beim Einschütten der Lösung bei grosser Vorsicht Fehlerquellen nicht einschleichen, so bleibt das Verfahren doch, wie im Teil II, Abs. 1 und 3 erörtert worden ist, unsicher und zeitraubend. Freilich braucht man bei meiner Methode oft einen grossen Emailletopf. Aber der Wassersterilisator nach *Fritzsch* und der Dampfsterilisator sind ebenfalls grosse, ja noch viel grössere und vor allem viel kostspieligere Apparate.

4. Asepsis der Metallinstrumente.

Dass das Abkochen der Metallinstrumente in wässeriger Sodalösung das einfachste und sicherste Mittel ist, um dieselben keimfrei zu machen, darüber sind gegenwärtig alle Forscher einig. Die Praktiker haben daher längst und zwar fast ausnahmslos diese Methode angenommen und jede andere Art der Sterilisation verlassen. Ich selbst verfahre dabei so, dass ich vor der Operation, wo meine Hände noch nicht desinfiziert sind, die Metallinstrumente in die Einsätze meines emaillierten Instrumentenkochgefässes, welches in Fig. 15, 16 und 17 abgebildet ist, einlege und zwar in der Anordnung, wie ich sie während

der Operation zu finden wünsche. Kocht die Sodalösung
im eigentlichen Kochgefäss, so werden die Einsätze eingesenkt. Haben die Instrumente genügend gekocht, so
wird der Deckel von einem der Anwesenden, dessen Hände
nicht aseptisch sind, abgehoben, damit das Wasser abkühlt. Inzwischen habe ich meine Hände für die Zwecke

Fig. 15.

der Operation vollständig keimfrei gemacht und hebe nun
selber die Einsätze aus dem eigentlichen Kochgefäss heraus. Ist das Wasser noch heiss, so nehme ich zum Anfassen
der an den Einsätzen angebrachten Griffe etwas gekochte
Gaze oder Watte zu Hilfe. Ich stelle die Einsätze, nachdem innerhalb weniger Sekunden das Wasser aus ihnen
in das Kochgefäss zurückgeflossen ist, auf den Instrumententisch. Die Operation kann nun sofort beginnen, da die
Instrumente jetzt zum Gebrauch in der Wunde fertig sind.
Die Platte des Instrumententisches, auf der die Einsätze
niedergesetzt werden, oder die leinenen Tücher, welche
man vorher auf der Tischplatte ausgebreitet hat, sollen

Fig. 16.

zwar rein, aber durchaus nicht notwendig steril sein. Denn an den Einsätzen sind Füsse angebracht, die den Boden derselben emporgehoben halten, so dass eine leere Luftschicht zwischen dem Boden des Einsatzes und der Platte des Tisches beziehentlich des dieselbe bedeckenden Leinentuches entsteht. Mit beiden nicht aseptischen Körpern

können deshalb die sterilen Instrumente nicht durch die im
Boden der Einsätze zum Abfluss des Wassers angebrachten
Löcher hindurch in Berührung kommen. Die Einsätze selbst,
in denen die Instrumente liegen, wurden durch das Kochen
zugleich mit diesen
steril. Es ist des-
halb diese meine
Methode, die ich
seit 1892 anwende,
die denkbar ein-
fachste und si-
cherste.

Fig. 17.

Um wie viel
komplizierter und
unsicherer ist da-
gegen die auch
heute noch bei der
Mehrzahl der Operateure
übliche Methode, wonach
die Instrumente nach er-
folgter Abkochung noch
nachträglich in besondere
Instrumentenschalen, die
mit antiseptischer Lösung
gefüllt sind, eingesenkt
werden, um während der
Dauer der Operation in
ihnen zu verbleiben? Es
müssen nämlich diese In-
strumentenschalen für sich in Dampf sterilisiert oder in
Wasser gekocht werden, und dasjenige Wasser, welches zu
den Lösungen verwendet wird, gleichfalls gesondert für
sich keimfrei gemacht werden. Beim Einschütten desselben
und der Herstellung der antiseptischen Lösung ist grosse
Vorsicht nötig, damit nicht durch unüberlegte Handgriffe
aseptische Fehlerquellen sich einschleichen. Man hat be-

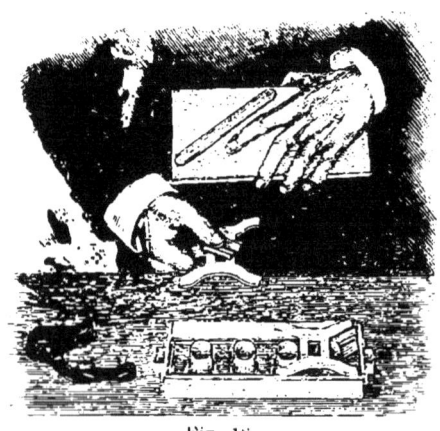

Fig. 18.

hauptet, die antiseptische Lösung halte von den in ihr liegenden Instrumenten die etwa aus der Luft herantreten-den Keime ab. Allein dem ist einzuwenden, dass, wenn Keime in der Luft vorhanden sind, diese dann ebenso gut und ebenso schnell in die offen freiliegende Operations-wunde treten können, wo sie sicher nicht minder gefähr-lich sind. Man müsste demnach für die Luft ähnliche Vorkehrungen treffen, wie man sie für die Instrumente durch Anwendung einer antiseptischen Lösung geschaffen hat. Dies hat man in der That schon gethan durch An-wendung der Spray, der indessen, weil wenig wirksam, von der Mehrzahl der Operateure gegenwärtig vollständig verlassen ist. Was der Spray für die Operationswunde ist, das ist die antiseptische Lösung für die Instrumente. Beide erfüllen ihren Zweck nur wenig. Vergl. hierzu pag. 46.

Den einzigen Ausweg bietet, wie *Schimmelbusch* auf Grund zahlreicher Untersuchungen hervorragender Forscher dargethan hat, die Herstellung einer überhaupt keimfreien Luft im Operationszimmer. Diese Keimfreiheit der Luft erreichen wir in sehr einfacher Weise vermittelst Durch-feuchtung derselben. Der die Keime allein enthaltende Staub, welcher sich in der Luft befindet, wird mechanisch schwerer und fällt zu Boden. Das Kochen meiner Schüs-seln erzeugt, wie eben ausgeführt ist, die genügende Durch-dampfung der Luft. Ausserdem habe ich an meinem In-strumentenkochgefäss noch eine Einrichtung zu dem gleichen Zwecke getroffen, die später erörtert werden soll. Es hat das Verfahren, die abgekochten Instrumente in antiseptische Lösung zu legen ausser der Gefahr für die Asepsis noch eine Reihe weiterer Nachteile, die darin be-stehen, dass:

II. die Instrumente bei dieser nassen Behandlung sehr stark leiden. Besonders die Karbollösungen sind es, die ein rasches Rosten der Instrumente hauptsächlich an den Stellen, an denen der Nickel abgesprungen ist, zur Folge haben. Insbesondere stumpfen sie die Schneide des Messers, weil diese nickelfrei ist, und ebenso die Nadeln ab. Dieselben dürfen also am allerwenigsten, nachdem sie im Messerkocher und Nadelkocher abgekocht sind, noch nachträglich in Karbollösung eingelegt werden. Vergl. *Ihle*, Archiv für klinische Chirurgie, Bd. X. 1. VIII. Heft 4;

III. die Instrumente schlüpfrig sind, so dass sie der Hand des Operateurs viel leichter entgleiten;

IV. wenn ein Tropfen Blut beim Zurücklegen der Instrumente von diesen in die aseptische Lösung gelangt, sich diese sofort trübt und die Instrumente, welche schon so wie so wie alle im Wasser liegenden Gegenstände dem Auge schwerer kenntlich sind, nunmehr noch schwerer sichtbar werden. Wiederholt sich der Fehler, so trübt sich die Lösung mit der Zeit so, dass die Instrumente nur mit grossem Zeitverlust geradezu herausgefischt werden müssen. — Da die bisherigen Instrumentenschalen und Einsätze aus Metall sind und die gleiche Farbe wie die Instrumente haben, so heben sich letztere ohnehin schlecht ab und sind deshalb noch besonders schwierig kenntlich. Um diese Uebelstände zu vermeiden, braucht man eine eigene Person, die ausschliesslich das Zureichen und Zurücklegen der Instrumente besorgt und jedesmal, bevor sie in die Lösung greift, ihre Hände sowie die Instrumente, die sie zurücklegt, aufs sorgfältigste von anhaftendem Blut reinigen muss. Wie unangenehm und verhängnisvoll die Verwendung dritter Personen zu einer Verrichtung von solch hoher aseptischer Bedeutung ist, die Verstand, beständige Aufmerksamkeit und grosse Gewissenhaftigkeit voraussetzt, habe ich im ersten Teile meiner Arbeit mehrfach des näheren begründet.

Alle die angeführten Mängel fallen bei meiner Methode und bei Anwendung meines Instrumentenkochgefässes weg. Die Sicherheit der Asepsis ist, wie bereits erwähnt, eine absolute, und die Einfachheit und Schnelligkeit des Verfahrens ohne weiteres einleuchtend. Ferner aber leiden die Instrumente nicht, da sie nicht in Flüssigkeit, be-

sonders nicht in Karbollösung, eingetaucht liegen. Die
Messer und Nadeln werden nach dem Abkochen nicht
noch nachträglich stumpf, vorausgesetzt, dass man eine
richtige Soda und diese in richtiger Weise benutzt. Vergl.
Ihle, Archiv f. klinische Chirurgie, Bd. X. 1. VIII. Heft 4.
Die Instrumente sind weiterhin beim Gebrauch nicht
schlüpfrig, sondern vollständig trocken. Die wenige,
nach dem Herausheben der Einsätze den Instrumenten
anhaftende Feuchtigkeit verdunstet infolge der durch das
Kochen ihnen noch innewohnenden Wärme rasch. Auch
braucht man nicht sorgfältig bedacht zu sein, dass die
Hände beim Ergreifen der Instrumente und die Instrumente selbst beim Zurücklegen frei von Blut sind. Das
Blut trocknet an Instrumenten und Händen rasch ein und
geniert deshalb sehr wenig, vor allem erschwert es das
Auffinden der Instrumente im Einsatze nicht, wie dies bei
der nassen Methode und deren Folgen geschildert wurde.
Für die Wunde selbst ist Blut, wenn sonst nur aseptisch
vorgegangen wurde, unschädlich, da Blut an sich ein keim-
freies Medium ist. Man braucht demnach eigentlich das
Blut gar nicht abzutrocknen.

Fühlt man trotzdem einmal das Bedürfnis, bei der
Operation stark blutig gewordene Instrumente von diesem
zu befreien, so taucht man sie einen Augenblick in die
im eigentlichen Instrumentenkochgefäss nebenanstehende
Sodalösung, da diese durch Abkochung ja sicher keimfrei
gemacht wurde. Da die Instrumente nicht in Flüssigkeit
eingetaucht liegen, so sind sie, wie bereits erwähnt, dem
Auge leichter erkennbar. Sie sind sogar bei Anwendung
meines Instrumentenkochgefässes besonders gut kenntlich,
da die Farbe der emaillierten Einsätze weiss ist, und sich
die Instrumente in Folge ihrer hiervon abstechenden Farbe
leicht abheben, während die bisherigen Einsätze, die aus
Draht, Weissblech, Nikelin oder Metalllegierungen mit nach-
träglicher Vernickelung bestehen, mit den Instrumenten
fast gleiche Farbe haben und sich deshalb von ihnen

schwer abheben. Aus allen diesen Gründen vermag der
Operateur bei meiner Methode die Instrumente mit Leichtigkeit selbst zu ergreifen und wegzulegen. In der Möglichkeit der Ausschaltung dritter Personen finde ich gemäss
meinen früher entwickelten Grundsätzen einen Hauptvor-
zug meiner Methode.

Neuerdings empfehlen *Egbert Braatz und Sänger* die
Instrumente nach erfolgter Abkochung auf sterilen Handtüchern auszubreiten. Dieses Verfahren hat zwar mit meiner
Methode gewisse Vorzüge gemein, es ist jedoch dadurch
umständlich, dass es die besondere Sterilisation eines Handtuches in einem Dampfsterilisator erfordert und die Instrumente nach erfolgter Abkochung, also in aseptischen
Zustand, erst einzeln aus dem Kochgefäss herausgelangt
und zurecht gelegt werden müssen. Da diese Verrichtung
zeitraubend und umständlich ist, so möchte man sie dritten
Personen überlassen. Hierdurch aber würde wiederum
eine Gefährdung der Asepsis eintreten.

Am Rande des Deckels und am Rande des eigentlichen
Kochgefässes befindet sich, wie aus den Abbildungen er-
sichtlich ist, je ein gleich grosser Einschnitt. Beide bilden
wenn sie übereinander zu liegen kommen eine Oeffnung.
Diese Vorrichtung dient mehrfachen Zwecken. Einmal
ermöglicht sie den Austritt des massenhaft sich entwickelnden
Dampfes, so dass die Sodalösung, sobald sie ins Kochen
gekommen ist, nicht aus dem Gefäss überlaufen kann.
Hierdurch wird gleichzeitig die im Operationsraum nötige
Durchfeuchtung aufs beste gefördert. Bis zum Eintritt des
Kochens liegt der Deckel am besten umgekehrt, so dass
der Einschnitt im Kochgefäss vom Rande des Deckels
und der Einschnitt im Deckelrand von der Wand des
Kochgefässes verdeckt wird, damit zunächst noch kein
Dampfentweichen und somit der Eintritt des Kochens sich
schneller vollziehen kann.

Muss man während der Operation einzelne Instrumente
von neuem kochen, so lässt man von irgend einer dritten

Person, die nicht aseptisch zu sein braucht, dieselben und zugleich mit ihnen eine Kornzange in das Instrumenten-kochgefäss einlegen. Der unterste Abschnitt der Korn-zange kommt in die Sodalösung zu liegen und wird des-halb durch Abkochen steril, während die Griffe derselben wie Fig. 15 veranschaulicht, durch den seitlichen Einschnitt frei hervorstehen und nicht sterilisiert werden. Nach er-folgter Abkochung kann jeder nicht aseptische Gehilfe, indem er die Kornzange an deren nicht sterilisierten Griffen anfasst, mit dem Maul derselben, welches durch das Kochen keimfrei wurde, das Instrument aseptisch herausnehmen und in die aseptischen Einsätze zu den übrigen bereits keimfreien Instrumenten legen.

Das Instrumentenkochgefäss ist emailliert und genau wie die Schüsseln aus feinstem Stahlblech gestanzt und nicht etwa gefalzt. Es besitzt daher die den gestanzten Emaillierwaren zukommenden Vorzüge, welche bereits vor-her näher erörtert wurden. Vergl. II. Teil Abschnitt 3. Das Email ist dauerhaft und fest. Scharfe Ecken und Ränder sind an demselben nirgends vorhanden. Deshalb, aber auch aus noch anderen Gründen, ist dasselbe leichter zu reinigen, als die bisher bekannten Apparate, die leicht nebelige Flecken bekommen, welche schwer oder gar nicht zu entfernen sind.

Die Farbe meines Instrumentenkochgefässes und des dazu gehörigen Deckels ist an der Aussenseite grau, an der Innenseite dagegen weiss. Die Einsätze sind innen und aussen durch und durch weiss. Schmutzflecke sind daher bei ihnen überhaupt leichter erkennbar. Der Preis meines Instrumentenkochgefässes ist wesentlich geringer, als derjenige der bisher bekannten Apparate, die zudem häufige Reparaturen erfordern. Ich benutze mein Instru-ment seit Jahren, habe aber noch nie Reparaturen oder Beschaffung von Ersatzteilen nötig gehabt, die übrigens einzeln käuflich sind. — Der Spiritusbrenner, der in Fig. 5 sowie in Fig. 15, 16 und 18 abgebildet und des näheren

bereits im II. Teil, Abschnitt 3 besprochen ist, lässt sich
ebenso wie das eigentliche Kochgefäss, besonders unter Zu-
hilfenahme eines Gummibandes, bequem verpacken. Vergl.
Fig. 17 und Fig. 18. Während des Transportes wird zwischen
Wandung des Einsatzes und Wandung des Kochgefässes
ringsherum Watte oder Gaze eingepfropft, damit der Einsatz
nicht im Innern des Gefässes hin- und herfällt und anstösst.

Obwohl ich für die Zwecke der Privatpraxis einen
ausgiebigen Gebrauch von meinem Spirituskocher mache,
so bediene ich mich in meiner Privatklinik doch wie ich
bereits angegeben habe, fast ausschliesslich des Gases, und
zwar auf dem von mir angegebenen und in Fig. 14 abge-
bildeten Gaskochtische. Für Operationen in der Privatpraxis (Laparotomie bei grav. extraut., sectio caesarea) genügt der Apparat von 32 cm Länge und nur einem Einsatz vollständig. Man muss nur den Vorteil gebrauchen,
dass man nach Beendigung der Abkochung die Sodalösung
aus dem eigentlichen Kochgefäss ausschütten lässt, und in
dessen Innenfläche hinein, die ja durch Kochen keimfrei
gemacht wurde, die Instrumente ausbreitet, damit sie nicht
zu dicht gedrängt im Einsatze neben einander liegen und
beim Ergreifen während der Operation dadurch schwer
erkennbar sind.

Gesetzlich geschützt ist der Spirituskocher, die Füsse
an den Einsätzen und der Einschnitt am Deckelrand und
Kochgefäss. Fabrikanten sind *Gebr. Baumann*, Emaillier-
und Stanzwerke, Amberg in Bayern. Von da können die
Apparate, zwar nicht direkt, aber durch jeden Instrumenten-
macher oder Klempner, bezogen werden. Generalvertreter
für Deutschland ist *Knoke und Dressler*, Dresden, König-
Johannstrasse. Eine nähere Beschreibung meines Instru-
mentenkochgefässes und des Spiritusbrenners befindet sich
Münchener Medizinische Wochenschrift 1895 No. 11 u. 12. —
Daselbst habe ich auch eine ausführliche Anleitung zum
Putzen der Metallinstrumente und zur Entfernung von
Rostflecken gegeben.

Schimmelbusch rät, die täglich gebrauchten Stahlinstru-
mente überhaupt nicht vernickeln zu lassen, und gibt als
Grund dafür an, dass sie bald wegen stellenweisen Ab-
springens des Nickels von neuem vernickelt werden müssten,
und jede nachfolgende Vernickelung schlechter halte, als
die vorausgehende. Dies ist indessen nicht richtig. Bei
jeder neuen Vernickelung muss erst sämtlicher von früher
her vorhandener Nickel abgekratzt werden. Es sind somit
dieselben Bedingungen der Haltbarkeit wie bei der ersten
Vernickelung gegeben, denn der neue Nickel kommt stets
direkt auf den Stahl und nicht auf den alten, von der
Unterlage gelockerten Nickel zu liegen. Es bleibt somit
vielmehr die Vernickelung von Stahlinstrumenten nach
wie vor empfehlenswert.

An seinen Apparaten brachte *Schimmelbusch* zwischen
Deckelrand und Rand des eigentlichen Kochgefässes einen
Wasserverschluss an, indem er glaubte, dadurch die Temperatur des siedenden Wassers auf 104° Celsius erhöhen
zu können. Indessen ist eine solche Erhitzung des Wassers
über den Siedepunkt des gewöhnlichen Barometerstandes
hinaus nur unter den physikalischen Bedingungen des
Siedeverzuges, des Systems der erhitzten Röhren oder des
Papinianischen Topfes möglich, durch dessen Einrichtung
der über dem kochenden Wasser stehende Luft- oder Dampfdruck entsprechend der jeweilig gewünschten Temperatur
des siedenden Wassers nach *Regnault* gesteigert werden
kann. Alle diese Bedingungen gewährt aber ein Wasserverschluss nicht. Auch der ein- bis zweiprozentige Soda-
zusatz zum Wasser ist zu gering, um eine Erhöhung des
Siedepunktes um mehrere Grade bewirken zu können.

5. Spülflüssigkeiten.

Wie ich bereits im I. Teil Abs. 2 meiner Arbeit ausführlich auseinandergesetzt habe, hat eine grosse Anzahl
von hervorragenden Operateuren sich nicht entschliessen
können, bei gewissen Operationen die andauernde Beriese-

lung der Wunde mit einem ganz dünnen Wasserstrahl zu
verlassen und an ihrer Stelle die Anwendung lediglich
trockener Tupfer einzuführen. Die Asepsis der Spülflüssigkeiten ist dabei allerdings eine strenge Bedingung, die
bei den bisherigen Methoden leider nur allzuwenig erfüllt
wird. cf. ibid. Bei meiner Methode dagegen und unter
Anwendung des von mir hierzu angegebenen Irrigators,
den ich (Münchener Med. Wochenschrift) näher beschrieben
habe, wird die Asepsis der Spülflüssigkeiten mit absoluter
Sicherheit und zwar in sehr einfacher Weise erreicht.

Mein Irrigator, der für operative Zwecke bestimmt ist,
besteht aus einem hohen, runden, zur Aufnahme des Irri-
gations-Wassers bestimmten Gefässe und einer Schüssel,
welche wie Fig. 19 darstellt, auf einem Dreifuss untergebracht werden. Beide Gefässe sind aus feinstem emaillierten Stahlblech gestanzt und haben deshalb die im II.
Teil Abs. 3 geschilderten Vorzüge, welche den aus ein-
fachem Schwarzblech angefertigten und nur gefalzten Emaillierwaren abgehen. Das zur Aufnahme des Irrigations-
Wassers bestimmte Gefäss fasst in gefülltem Zustande 22
Liter Wasser und deckt somit den Bedarf selbst für mehrere,
hintereinander stattfindende grosse Operationen. Die
Schüssel, welche auf dem Zwischenbrett des Dreifusses
untergebracht ist, dient während der Operation, falls eine
Berieselung oder Bespülung nicht stattfinden soll, zur zeitweiligen Aufbewahrung des unteren Endes des Gummischlauches und des daran angesteckten Spül- oder Rieselrohres.
Der obere Rand des Irrigationsgefässes und der übergrei-
fende Rand des dazu gehörigen Deckels haben beide einen
gleich grossen Einschnitt. Aus der hierdurch ermöglichten
Oeffnung ragt ein bis auf den Boden des Gefässes herab-
reichender Heber mit seinem oberen gekrümmten Ende
heraus, an welches der Gummischlauch angesteckt ist.
Unter der Platte, auf dem das Irrigationsgefäss steht, ist
seitlich die Schlauchklemme angebracht. Diese selbst steht
fest, so dass sie am Schlauche nicht hin- und hergleiten

kann. Ein leichter, einmaliger Fingerdruck genügt, um das Lumen des Gummischlauches sowohl andauernd zu verschliessen, wenn der Wasserstrahl abgesperrt werden soll, als es andauernd offen zu halten, wenn die Irrigation stattfinden soll. Der Heber, die Schlauchklemme und das Rieselrohr, sind in Fig. 20 durch Abbildung genauer veranschaulicht. Der Heber *A* ist in zwei Teile zerlegbar, die zum Zwecke der besseren Reinigung auseinandergeschraubt werden können. Das Rieselrohr *C*, welches nur dem Zwecke der permanenten Wundberieselung dient, hat eine enge Ausflussöffnung, so dass ein nur dünner,

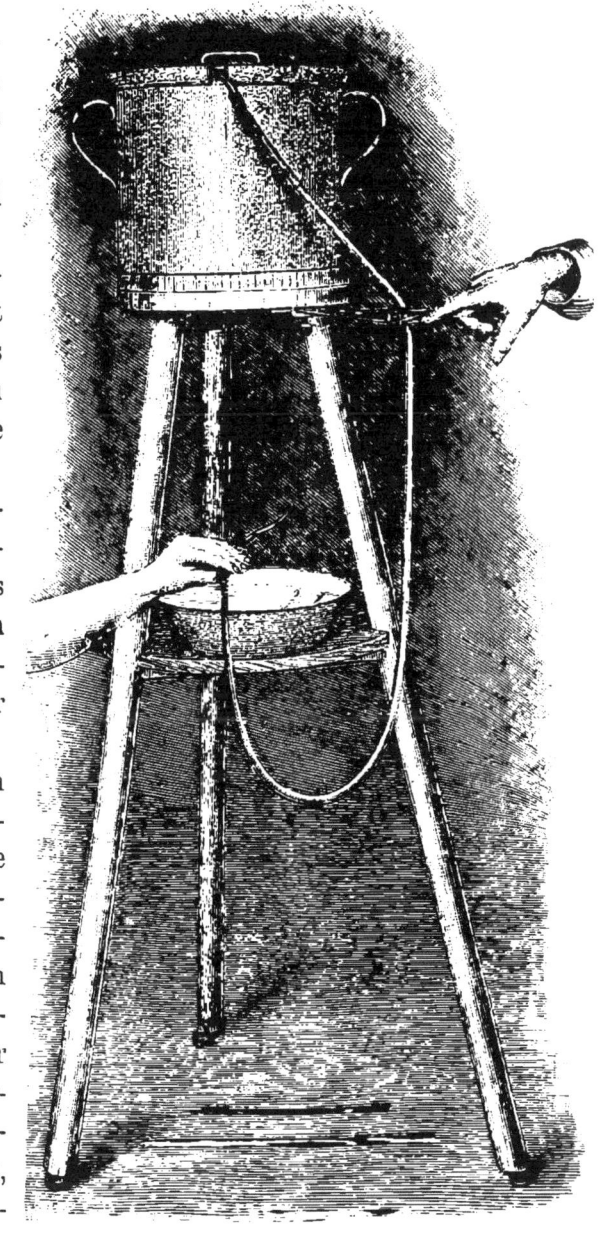

Fig. 19.

jedoch ausreichender Wasserstrahl ausströmt. Für die Zwecke, wo zeitweilig ein stärkerer Wasserstrahl nötig ist, wie bei der Vordesinfektion oder Abspülung des Seifenwassers dienen die neben dem Rieselrohr liegenden Glasröhrchen mit weiter Oeffnung. Das Rieselrohr selbst lässt sich in-

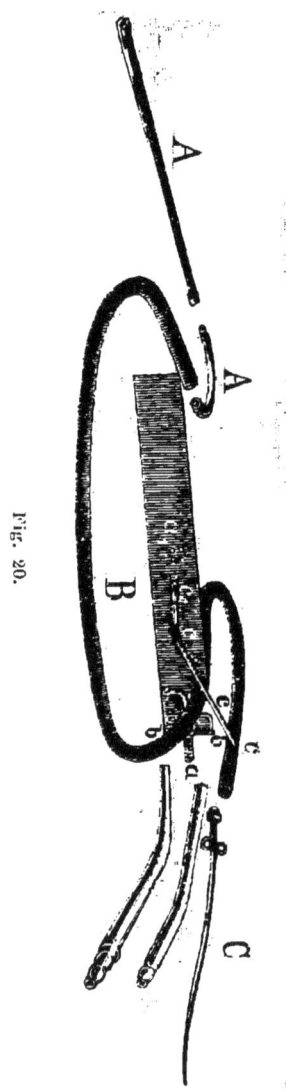

Fig. 20.

folge seiner Krümmung sehr bequem anfassen und gestattet mit Leichtigkeit, den Wasserstrahl individualisierend in alle Ecken und Winkel der Wunde, selbst wenn diese tief innerhalb von Körperhöhlungen liegen, zu dirigieren. Die Schlauchklemme *B* besteht aus einer langen schmalen Metallplatte, die einen Einschnitt für den Schlauch trägt. Der Schlauch hält sich im Einschnitt von selbst durch seine eigene Schwere in bequemer und sicherer Weise fest. S. Fig. 19. Zu diesem Zwecke. muss allerdings die Oeffnung im Irrigationsgefäss, durch welche der Heber und der an diesem befestigte Gummischlauch hervorsteht, auf derjenigen Seite der Schlauchklemme stehen, welche den Einschnitt für den Schlauch nicht trägt. Es lässt sich dies leicht durch Drehung des Topfes erreichen. Auf der oberen Seite der Platte ist ein parallel mit deren Ebene federnder Stahlbügel cc angebracht, dessen eine Hälfte bei c_1 auf der Platte befestigt ist. Auf der unteren Seite der Platte, die in der Zeichnung nicht ansichtig ist, verläuft gleichfalls ein Stahlbügel, der jedoch vertikal zur Ebene der Platte federt. Nur der Teil a von ihm ist in der Abbildung sichtbar, während er sich in Wirklichkeit bis zur Stelle a_1 unterhalb der Platte erstreckt und dort befestigt ist. Der Zweck dieses Stahlbügels ist der, den quer auf ihm verlaufenden und mit Cremaillièren gezahnten Stab *bb* nach oben angedrückt zu halten. Die Bedienung der Klemme ist durch diese Verrichtungen eine überaus einfache. Uebt man auf den Bügel *c* einen Druck, so dass dieser den Schlauch zusammenpresst, so ist der Wasserstrahl unterbrochen, und der Bügel *c*, welcher sich hierbei in der Cremaillière *bb* festgehakt hat, sorgt hinreichend für dessen andauernde Unterbrechung. Soll umgekehrt die Berieselung wieder beginnen, so genügt hierzu abermals ein einmaliger einfacher Fingerdruck und zwar auf *a*. Die Cremaillière *bb* entweicht nach unten, der Stahlbügel *c* entgleitet aus ihr und federt in seine ursprüngliche, abstehende Stellung zurück, so dass er den Schlauch nicht mehr komprimiert. Der Abfluss des Wassers ist somit durch einen einfachen Fingerdruck wieder andauernd frei. Die Befestigung der Schlauchklemme am Dreifuss geschieht dadurch, dass sie in eine an demselben befindliche Metallscheide mit ihrem freien Ende eingeschoben und hier mit Leichtigkeit festgeschraubt wird. (Siehe Fig. 19.) Soll nun der Irrigator für die Zwecke der Operation in Gebrauch gesetzt werden, so erfolgt ganz absolut aseptisch und doch dabei überaus einfach in folgender Weise die

Anwendung:

Reichlich soviel Wasser, als für die Operation nötig ist, wird in das Irrigationsgefäss eingefüllt. In die Schüssel wird ebenfalls Wasser oder schwache Karbollösung geschüttet, und in diese der Heber, das Rieselrohr, der Gummischlauch und die Glasröhren eingelegt, so dass sie vollkommen untertauchen. Beide Gefässe werden, nachdem die dazu gehörigen und mit übergreifendem Rand versehenen Deckel aufgelegt sind, über die Flamme gestellt und, sobald das Sieden eingetreten ist, noch weitere 10—15 Minuten gekocht. In Fig. 14, wo die beiden Gefässe auf meinem Gaskochtisch stehend abgebildet sind,

ist dies veranschaulicht. Durch diesen Kochprozess wird
im Irrigationsgefäss nicht allein das darin befindliche
Wasser, sondern auch die ganze Innenwand des Gefässes
und diejenige des Deckels vollständig aseptisch gemacht.
Da, wo die Innenwandung vom Wasser berührt wird, geschieht dies unmittelbar durch Einwirkung des kochenden
Wassers selbst. Oberhalb der Wasserfläche, wo das kochende
Wasser die Innenwand des Topfes nicht berührt, wird
diese durch die aus dem Wasser aufsteigenden, sehr ener-
gischen Dämpfe, wie ich Teil II, Abs. 1 meiner Arbeit
dargethan habe, sterilisiert.

Sobald das Wasser im Irrigator ins Sieden gekommen
ist, wird der Deckel desselben so gedreht, dass sein Einschnitt auf den Einschnitt des Gefässes zu liegen kommt.
Dadurch entsteht eine Oeffnung für den Abzug des Dampfes,
so dass das Wasser selbst nicht überlaufen kann. Diese
Oeffnung, welche für den Durchtritt des Hebers bestimmt
ist, wird durch die hier austretenden Dämpfe in vorzüglicher Weise sterilisiert. Gleichzeitig bewirken die Dämpfe
eine Durchfeuchtung der Luft des Operationszimmers und
tragen dadurch, wie bereits im Teil II, Abs. 3 ausgeführt
ist, zur Entkeimung derselben bei.

In gleicher Weise wie bei dem Irrigatorgefäss wird
durch den Kochprozess auch bei der Schüssel die in dieser
enthaltene Flüssigkeit, sowie ihre ganze Innenwand steril.
Ja es werden auch weiter noch gleichzeitig Heber, Rieselrohr, Gummischlauch sowie Glasröhrchen, welche eingelegt
wurden, aseptisch. Das Irrigationsgefäss und die Schüssel
werden jetzt von dem aufwartenden Personal auf den
Dreifuss gestellt, und der Deckel der Schüssel abgenommen.
Nunmehr nehme ich, nachdem ich inzwischen meine Hände
für die Zwecke der Operation vollständig aseptisch gemacht
habe, alle weiteren Vorrichtungen, die mit einer Berührung
der durch Kochen aseptisch gemachten Objekte verbunden
sind, selbst vor. Ich nehme den Heber aus der Schüssel
und verschraube dessen beide Hälften. Nachdem ich das

eine Ende des Gummischlauches an ihn angesteckt habe,
hänge ich sein anderes Ende in den Irrigator durch dessen
Einschnitt ein. Dabei hebt zur Erleichterung dieser Verrichtung irgend eine dritte Person, die nicht aseptisch
zu sein braucht, den Deckel auf einen Augenblick etwas
empor. An das unterste Ende des Gummischlauches be-
festige ich Riesel- oder Spülrohr und lege diese in die
Schüssel ein, aus welcher sie dann später bei Bedarf vom
Assistenten entnommen werden. Den Schlauch bringe ich
an der Schlauchklemme an und hüte mich dabei sorgfältig, die Schlauchklemme selbst, da sie nicht ausgekocht
wurde und demnach nicht aseptisch ist, mit meinen Händen zu berühren. Die Bedienung der Schlauchklemme,
die, wie oben erörtert ist, nur von Zeit zu Zeit einen einfachen Fingerdruck erfordert, übernimmt eine der anwesenden, nicht aseptischen Personen, am einfachsten
wohl der Narkotiseur, der auf Zuruf diese einfache Verrichtung ausführt. Für Unterbrechungen des Stromes auf
ganz kurze Zeit genügt es auch, dass der Assistent während deren Dauer die Oeffnung des Rieselrohres an die
aseptische Haut der Kranken angedrückt hält, wofern er
seine Hand nicht anderweit verwenden muss.

Die Schlauchklemme braucht nicht aseptisch zu sein,
da sie weder mit den Händen des Operateurs oder Assistenten, noch mit dem Spül- oder Rieselrohr oder dem
diesem zunächst liegenden Teil des Gummischlauches in
Berührung kommt. Der Dreifuss hat Rollen und lässt sich
daher mit Leichtigkeit bald hierhin, bald dorthin verschieben. Er ist deshalb ebensowenig wie der Gummischlauch dem Assistenten jemals im Wege. Ein weiterer
Vorteil besteht darin, dass die Schüssel stets direkt unter
dem Irrigationsgefäss steht, da hierdurch der Gummischlauch,
der in dieselbe eintaucht, stets perpendikulär zu hängen
kommt, und so durch Zug von dessen Schwere weder er
selbst mit seinem untersten Ende, noch die an ihm befindlichen Rohre aus der Schüssel herausgleiten. Aseptische

Störungen, die dadurch leicht entstehen könnten, sind vollständig ausgeschlossen.

Sollte nach Einlegen des Hebers nicht sofort aus dem Schlauche Wasser abfliessen, so saugt der Operateur vor Ansteckung des Rieselrohres, mit einer der in der Schüssel gekochten Glasröhren, indem er das eine Ende desselben in den Schlauch, das andere in seinen Mund einführt, das Wasser an, worauf sofort der Strom erscheint. Dieses Röhrchen aber muss sofort abseits gelegt und darf während der Operation nicht gebraucht werden, da es nicht mehr aseptisch ist. Ein anderes, ebenfalls abgekochtes Glasröhrchen, welches sich in der Schüssel befindet, dient als Spülrohr, falls man solches gebraucht. Während des Abkochens muss eine Knickung des Gummischlauches sorgfältig vermieden werden, hierüber vergl. Teil II, Abs. 3 und Fig. 11. Zur Abkühlung des im Irrigationsgefässe befindlichen Wassers und ebenso der anderen gekochten Flüssigkeiten verwende ich, falls eine solche sehr schnell stattfinden muss, ein von mir angegebenes Kühlgefäss, welches nachstehend beschrieben und in Fig. 21 abgebildet ist.

Dieses Kühlgefäss ist übrigens selten nötig, und ist es überhaupt am besten, wenn, wie dies bei Anwendung meines Irrigators und auch sonst überhaupt bei meiner Methode Regel ist, nicht kaltes, sondern möglichst warmes Wasser in die Wunde eingebracht wird. Vor allem ist die Blutstillung sicherer, der Blutverlust geringer, die Abkühlung der Kranken und der dadurch bedingte Shock weniger hochgradig und die Verheilung per primam erfolgt viel leichter, um so mehr, wenn man, wie ich dies bei plastischen Operationen stets thue, nicht einfaches steriles Wasser gebraucht, sondern dem Irrigationsgefäss Kochsalz und Soda in dem Masse zusetzt, dass eine physiologische Kochsalzlösung entsteht. Der Irrigator dient aber auch gleichzeitig einem anderen Zweck. Mit dem Riesel- und Spülrohr und dem Gummischlauch zugleich lege ich

meist in die Schüssel eine Nadel zur subkutanen Infusion
ein, und wird diese durch den Kochprozess gleichzeitig
steril. Ist durch den Zustand der Kranken während der
Operation eine subkutane Kochsalz-Infusion indiziert, so
stecke ich rasch an Stelle des Rieselrohres die hypoder-
matische Nadel an den Schlauch an und steche dieselbe
direkt in das bereits für die Zwecke der Operation keimfrei gemachte Operationsfeld ein, wenn die Vornahme der
Infusion eilig geschehen muss und keine Zeit bleibt, die
Gegend der Mamma, die ich sonst für den Einstich bevor-
zuge, aseptisch zu machen. Meist kommt hierbei die
physiologische Kochsalzlösung unter die Haut des einen
Oberschenkels oder die der Nates zum Austritt. Gleich
bei der Vordesinfektion des Operationsgebietes wird auf
die Möglichkeit einer subkutanen Kochsalzinfusion Rück-
sicht genommen, und das Operationsgebiet in weitem Umfange keimfrei gemacht. Ist während der Operation die
Notwendigkeit einer Infusion festgestellt, so kann diese
sofort nach 2—3 Sekunden beginnen, ja es kann sogar
bei der Sicherheit, mit der das Operationsgebiet aseptisch
gemacht wurde, die Infusion intra venös vorgenommen
werden, und zwar geschieht die Vornahme in diesem Fall
immer in eine der in der Operationswunde blossliegenden
Venen hinein. Die Ausführung übernimmt der Operateur
selbst zum grossen Vorteil für die Kranke.

Selbstverständlich muss man dem Wasser Kochsalz
und Soda zusetzen, noch bevor dasselbe gekocht wird, und
nicht, wie man dies leider häufig sieht, erst nachträglich,
da sonst diese chemischen Körper, welche an sich nicht
aseptisch sind, eine Infektion des Wassers bewirken
könnten.

Das Wasser, welches meinem Irrigator entströmt, ist
so sicher aseptisch, dass man die Sicherheit der übrigen
notwendigen aseptischen Vorkehrungen vorausgesetzt, ge-
trost in die Peritonealhöhle hineinrieseln kann, wie dies
bei schwierigen Uterusexstirpationen der besseren Ueber-

sicht halber bisweilen so ausserordentlich vorteilhaft ist.
Die Vorzüge, welche mein Irrigator hinsichtlich der Sicherheit der Asepsis und der Einfachheit seiner Ingangsetzung
in Vergleich mit den bisherigen Apparaten bietet, sowie
die übrigen praktischen Vorteile, die er gewährt, gehen
aus dem Vergleiche mit den Auseinandersetzungen in
Teil I, Abs. 2 meiner Arbeit hervor.

Das von mir angegebene Kühlgefäss, dessen ich mich
zeitweilig bediene, besteht aus einem einfachen Topf, der
nur ausreichend gross zu sein braucht, um die zur Abkühlung bestimmten Gefässe in sich aufnehmen zu können.
Vergl. Fig. 21. Seitlich am Topfe befinden sich zwei Oeff-

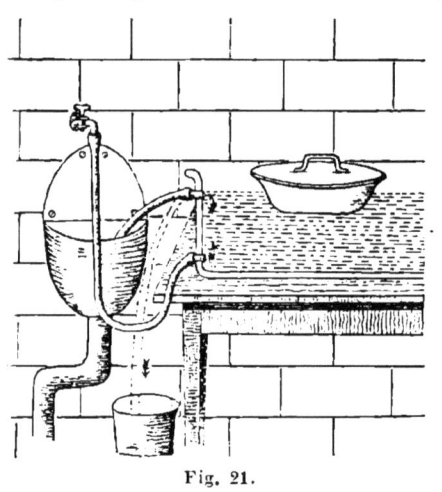

nungen, deren eine unten
nahe am Boden angebracht
ist, während die andere sich
oben nahe am Rande des
Topfes befindet. Beide Oeffnungen tragen kurze, röh-
renförmige Ansatzstücke,
welche zum Anstecken von
Gummischläuchen be-
stimmt sind. Derjenige
Schlauch, der zum Boden
des Topfes führt, wird mit
seinem freien Ende an den

Fig. 21.

Hahn einer Wasserleitung angesteckt, derjenige Schlauch
hingegen, welcher oben unterhalb des Topfrandes befestigt
ist, wird mit seinem freien Ende in die Gosse eingehangen.
Siehe Zeichnung. Die Schläuche kreuzen sich hierbei miteinander. Solange eine Abkühlung stattfinden soll, bleibt
der Hahn der Wasserleitung geöffnet, so dass das kalte
Wasser, welches die Wandungen des abzukühlenden Gefässes innerhalb des Topfes zu umspülen hat, beständig
erneut zuströmt. Das warm gewordene Wasser steigt als
spezifisch leichter im Topfe nach oben und fliesst aus der
hier befindlichen Oeffnung durch den angesteckten Schlauch

hindurch nach aussen, und zwar genau in der Menge, als
unten kaltes Wasser zuströmt. — Ein Ueberlaufen aus dem
Topfe ist durch diese Vorrichtung verhindert. Will man
das aus dem Kühlgefäss austretende Wasser nicht durch
die Gosse fortlaufen lassen, sondern, da es in der Regel
gut warm ist, für Waschzwecke gebrauchen, so hängt man
das freie Ende des am oberen Topfrande angesteckten
Schlauches in einen entsprechenden Wascheimer ein, der
dasselbe sammelt. Auch wenn das Gefäss, welches abgekühlt werden soll, bedeutend niedriger und flacher als der
zum Kühlgefäss verwendete Topf ist, so kann doch niemals das aus der Wasserleitung zuströmende und lediglich
zur Abkühlung bestimmte Wasser, welches nicht aseptisch
ist, in den Innenraum des abzukühlenden Gefässes, der
samt Inhalt durch Kochen aseptisch wurde, eindringen
und dessen Keimfreiheit stören. Denn ein mit Wasser
gefülltes Gefäss, wie wir es für unsere Zwecke gebrauchen,
sinkt, wenn es in Wasser gesetzt wird, in diesem aus physikalischen Gründen nur so tief ein, dass der Flüssigkeitsspiegel der beiden durch die Gefässwandung von einander
getrennten Wassermengen fast in einer Niveaulinie steht.
Da mein Kühlgefäss sich vom Boden her füllt, so
wird von dem Augenblick an, wo die in ihm entstehende
Wassersäule höher wird, als die Höhe der Wassersäule ist,
die sich in dem zur Abkühlung bestimmten Gefässe befindet, letzteres durch sie emporgehoben. Mein Kühlgefäss
kühlt viel rascher als alle mit Kühlschlangenvorrichtung
versehenen Apparate und lässt sich leichter reinigen als
diese. Ausserdem ist sein Anschaffungspreis viel geringer
und Reparaturen sind kaum jemals nötig. In der Regel
indessen ist die Anwendung eines Kühlgefässes bei meiner
Methode der Asepsis überhaupt nicht nötig, weil die
Schüsseln in der Zeit, die nach erfolgter Abkochung bis
zum Gebrauche verstreicht, genügend abgekühlt sind, und
sie ohnedies möglichst warm zur Verwendung kommen
sollen.

6. Aseptische Umgrenzung des Operationsfeldes.

Die Abgrenzung des aseptisch gemachten Operationsfeldes gegen die nicht aseptisch gemachten Körperteile und
die übrige gleichfalls nicht sterile Umgebung ist während
der Dauer der Operation, wie schon im Teil II Abs. 3
erörtert wurde, dringend nötig. Die Durchführung dieser
Massregel ist, insofern es sich um die Vornahme von
Laparotomien handelt, an der angegebenen Stelle ausführlich beschrieben. Es bietet dieselbe nur wenig Schwierigkeiten. Bei Operationen hingegen, die in Steissrückenlage
ausgeführt werden müssen, ist die Abgrenzung der aseptisch
gemachten Genital- und Analgegend gegen die nicht aseptische Umgebung recht schwierig herzustellen, noch schwieriger aber ist es, sie während der Dauer der Operation zu
erhalten. Hierüber soll an dieser Stelle ausführlich gehandelt werden.

Die nicht aseptische Umgebung des Operationsfeldes
ist nämlich bei der angegebenen Lagerung der Kranken
in verschiedenfacher Weise zusammengesetzt. Nach unten
zu befindet sich die Tischplatte. Diese kann, selbst wenn
sie aus Glas besteht, nur gereinigt, aber doch nie gekocht
und demnach auch nie aseptisch gemacht werden. Liegt
der Tischplatte ein Gummituch oder Billrothbattist auf,
so sind die Verhältnisse nur wenig gebessert, denn beide
lassen sich nur mit chemischen Antisepticis behandeln und
deshalb nur bis zu einem gewissen Grade, auf alle Fälle
aber nicht vollständig keimfrei machen. Sie vertragen
weder die Sterilisation in Dampf noch das Abkochen in
Wasser. Zudem würde auch, selbst wenn beide Prozeduren hinsichtlich des Gummituches, Billrothbattistes
oder der Tischplatte möglich wären, dennoch hierdurch
kein erheblicher Nutzen entstehen. Denn, nimmt man,
um möglichst aseptische Verhältnisse zu schaffen, in Dampf
sterilisierte oder in Wasser gekochte, leinene Tücher als
Unterlage, so sind diese schon nach wenigen Minuten,

meist sogar noch vor Beginn der Operation durch die verschiedenen zur Abwaschung und Desinfektion auf der Haut,
in der Vagina und in der Gebärmutterhöhle verwendeten
Flüssigkeiten, die alle auf sie herabfliessen, durchnässt und
nicht mehr aseptisch, besonders, wenn Fäkalien, Urin und
Blut, wie dies fast immer ist, oder gar Eiter sich hinzu-
gesellen. Wollte man fortwährend neue sterilisierte Tücher
über die durchnässten und gebrauchten binden, so würden
diese die Nässe rasch ansaugen und dadurch sowie auch
sonst ihre Keimfreiheit sofort wieder verlieren, abgesehen
von der Unbequemlichkeit, die durch ein solches Verfahren
für Operateur und Assistent entstehen müsste. Und doch
wie notwendig ist es, dass diese Unterlagen, denen nur zu
leicht und zu oft die Hände des Operateurs und vor allem
die den Griff des Speculum haltende Hand des Assistenten
zu nahe kommt, vollkommen aseptisch sind! Wie oft
tauchen beim Nähen die Fadenenden in die Nässe herab,
die sich auf solcher Unterlage angesammelt hat. Carcinomatöse, vor der Totalexstirpation des Uterus ausgeschabte
Massen können der Unterlage bei Beginn der eigentlichen
Operation noch anhaften und von neuem in die Exstir-
pationswunde verschmiert werden. Eine weitere Unbequemlichkeit und Gefahr für die Asepsis bilden die Beine
der Kranken, die nach vorn dem Operateur, der zwischen
ihnen sitzt, entgegen hängen. Sie bilden eine förmliche
Scheidewand zwischen dem Operateur und dem seitlich
stehenden Assistenten, so dass beide stets und in jedem
Momente, wo sie miteinander verkehren wollen, den Um-
weg um die Extremitäten der Kranken passieren müssen
und dieselben doch dabei, um eine Infektion zu vermeiden,
nicht berühren dürfen. Die Extremitäten verstellen ferner
dem Operateur die Aussicht nach dem Operationstische
hin. Er ist absolut nicht im stande, die Instrumente und
Tupfer selbst zu ergreifen und wegzulegen. Müsste er doch
bei jedem Griff nach dem Instrumententisch zu sich alle-
mal erst stark nach rückwärts beugen, um hinter den

Beinen der Patientin überhaupt nur mühsam und unvoll-
kommen hervorlugen zu können. Die Assistenten ihrerseits sind ebenfalls wieder sehr am Ueberblick des Operationsfeldes behindert. Operateur und Assistent aber dürfen
auf keinen Fall mit ihren Händen oder mit Instrumenten
die Extremitäten berühren, da dieselben nie, namentlich
nicht in ihrer Totalität, aseptisch zu machen sind. — Ob
man diese Hindernisse wenigstens teilweise dadurch über-
windet, dass man, wie *Fritzsch* dies bei Anwendung seiner
Beinhalter thut, den Kranken in Sublimatlösung getauchte
leinene Strümpfe anziehen lässt, muss dahingestellt bleiben.

Vorderhand dürfen wir dieser Methode kein allzugrosses
Vertrauen schenken, da wir wissen, dass die wässerige
Sublimatlösung wie alle chemischen Desinfektionsmittel nur
eine relativ geringe keimtötende Wirkung hat. Dagegen
scheinen sich durch die Feuchtigkeit solcher Sümpfe be-
dingt verschiedene Erkältungsformen und rheumatische
Erscheinungen bei den Kranken, wenigstens bei längerer
Dauer der Operation, hinterher einzufinden.

Bei meiner Methode sind alle die erwähnten aseptischen Fehlerquellen, sowie alle erörterten Unbequemlichkeiten ausgeschlossen. Ich ziehe die Kranke, nachdem
deren Füsse in den von mir angegebenen Beinhaltern befestigt sind, zwischen den eisernen Stangen soweit über
die Tischkante hervor, dass nicht allein der ganze Steiss,
sondern womöglich auch noch der letzte Lendenwirbel
über sie hervorhängt. S. Fig. 22.

Hierdurch tritt die Platte des Tisches soweit zurück,
dass weder mit ihr noch mit einer ihr aufgelegten Unterlage eine unabsichtliche Berührung der Hände des Operateurs oder Assistenten oder der Instrumente stattfinden
kann. Es ist demnach gleichgültig, ob und welche Art
von Unterlagen man anwendet, und ob dieselben vollkommen keimfrei sind, oder ob sie überhaupt desinfiziert
wurden. Es ist auch gleichgültig, ob die Tischplatte aus
Glas oder Hartgummi, aus Holz oder irgend einem anderen

Material besteht, denn auch sie braucht nicht absolut keimfrei, ja überhaupt nicht einmal desinfiziert zu sein. Man
kann demnach mit meinen Beinhaltern auf jedem gewöhnlichen Küchentisch strengste Asepsis durchführen, während
die typischen Operationstische aus Glas und Eisen, weil
nicht auskochbar, auch keine absolut aseptischen Garantien an und für sich, zumal mit den bisherigen Beinhaltern bieten. Selbst die Stangen der Beinhalter treten durch

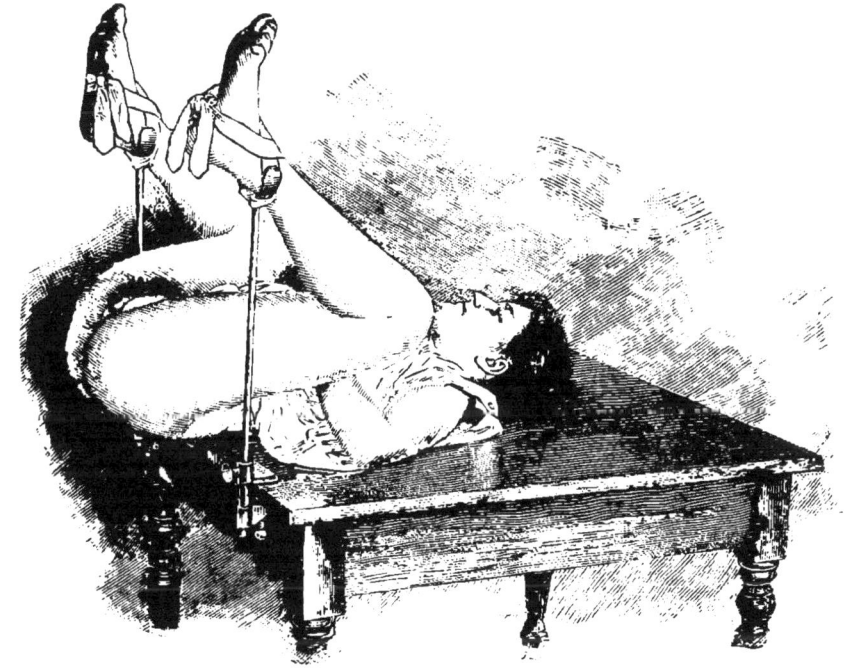

Fig. 22.

die weite Hervorlagerung des Steisses indirekt weit zurück,
so dass das Postulat *Sängers*, einen Beinhalter zu besitzen,
der von hinten herkommend die Extremitäten der Kranken
hält, hierbei voll erfüllt ist. Die Extremitäten aber hängen
weiterhin bei meinen Beinhaltern überhaupt nicht nach
vorn herab, sondern sie sind weit nach dem Leib hin
zurückgeschlagen, so dass nicht einmal die Füsse erheblich über die Tischkante hervorstehen. Sie belästigen
demnach weder Operateur noch Assistent. Der Operateur

vermag vielmehr seine Instrumente seitlich selbst zu ergreifen, wegzulegen und Nadeln einzufädeln, und der Assistent kann unbehindert und ungebückt seitwärts heran-

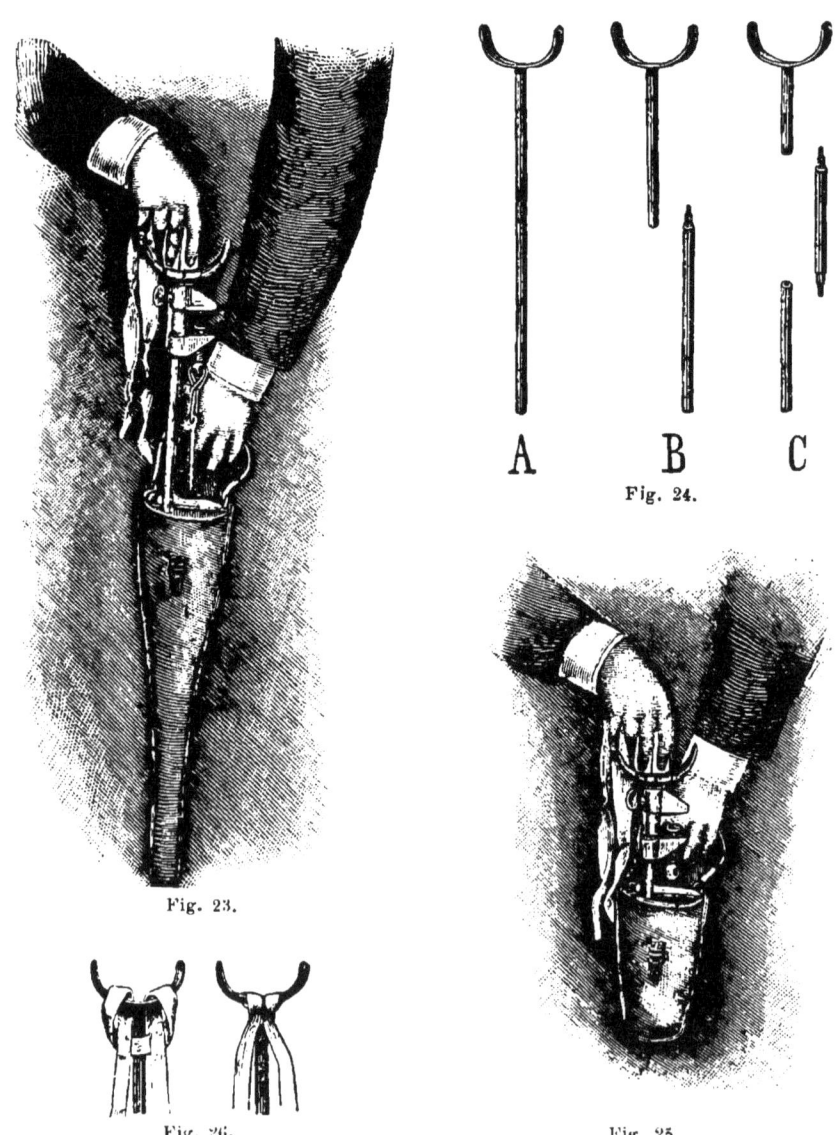

A　　　B　　　C

Fig. 24.

Fig. 23.

Fig. 26.

Fig. 25.

treten. Vor allem aber gerät jetzt die Asepsis auch
insofern in keine Gefahr mehr, als eine direkte und unabsichtliche Berührung der Hände des Operateurs und Assi-

stenten oder der Instrumente mit den Extremitäten, die nie ganz aseptisch zu machen sind, überhaupt ausgeschlossen ist. Neuerdings hänge ich wohl auch noch, besonders wenn ich um Abkühlung bei schwächlichen Kranken zu vermeiden ihnen die wollenen Strümpfe belasse, damit von diesen ein Abfallen von infektiösen Partikelchen verhindert wird, grosse leinene Düten über Beine und Beinhalter zugleich hinweg, wie dies in Fig. 27 skizziert ist. Die weite Luftschicht, welche zwischen der Leinewand der Düte und den Extremitäten sich befindet, sorgt für

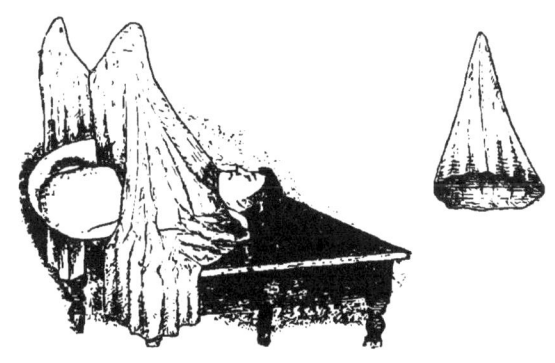

Fig. 27.

deren andauernd gute Durchwärmung in vorzüglicher Weise. Jedoch mache ich hiervon in der Regel nur bei Uterusexstirpationen Gebrauch. Ueber die aseptische Präparation dieser Behänge vergleiche Teil II, Abs. 7.

Durch die eben geschilderte Lagerung aber, wie sie durch Anwendung meiner Beinhalter bedingt ist, wird ferner auch noch, in bisher unerreichter Weise, die übersichtlichste Freilegung und vollkommenste Zugänglichkeit zum Operationsfelde von allen Seiten ermöglicht. Die Scheide und selbst der Mastdarm rückt weit nach vorn und nach oben, direkt dem Gesicht des Operateurs gegenüber. Die vorderen Platten des *Simon*schen Speculums und meist auch die Seitenhebel werden entbehrlich, die hintere Rinne allein ist vollständig ausreichend.

Diese meine Beinhalter sind übrigens zum Transport und zur Verwendung in der Privatpraxis vorzüglich geeignet und lassen sich, wie Fig. 23 darstellt, bequem verpacken. Weil sie in der Verbandtasche gut unterzubringen sind, habe ich ihnen das Prädikat : Verbandtaschenformat gegeben. Ich habe dieselben auch so anfertigen lassen, dass die eisernen Stangen in 2 oder 3 Teile zerlegbar sind und zum Zwecke des Gebrauches zusammengeschraubt werden können, vergl. Fig. 24. Das Etui ist dann erheblich kürzer und hat nur 20 cm Länge (Fig. 25). Das Gewicht beträgt alles in allem noch nicht 2 kg. Gesetzlich geschützt ist die Schraubzwinge, die Stange mit Halbring und Gurtbändern, die Zerlegbarkeit der Stangen, und die Fesselung der Füsse nach *Ihle*.

Meine Beinhalter in Rocktaschenformat, deren Abbildung in Fig. 28, 29 und 30 wiedergegeben ist, ermög-

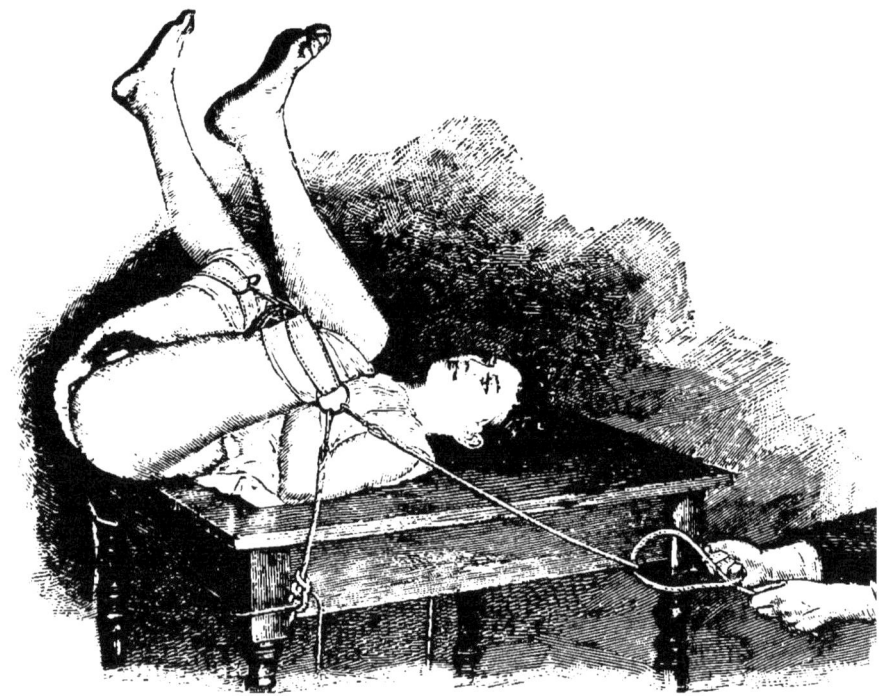

Fig. 28.

lichen ebenfalls die weite Hervorlagerung des Steisses, welche in jeder Beziehung so wichtig ist. Der Steiss muss aber hier gleich von allem Anfang an, und zwar noch vor der an den Tisch- oder Bettbeinen zu erfolgenden Knotung der Schnuren genügend weit hervorgelagert werden, weil

nach Knotung der Schnuren die Kranke bereits so ge-
fesselt ist, dass dies nicht mehr möglich sein würde. Der
Vorzug, den diese meine Beinhalter vor den übrigen ähn-
lichen bisher bekannten Beinhaltern haben, welche zur
Feststellung der Füsse anstatt eiserner Stangen ebenfalls
nur Züge verwenden, besteht hauptsächlich in Anwendung
der seitlichen Schnur, welche die beiden Extremitäten
auch an den vorderen Tisch- und Bettbeinen festlegt,
während bisher nur die hinteren Tisch- und Bettbeine
allein zur Fesselung verwendet wurden. Diese seitliche
Schnur, deren Anbringung vollständig neu und von mir
zuerst angegeben ist, verhindert in bisher unerreichter

Weise vollständig, dass die Knie
sich vom Körper weg aus der
ihnen angewiesenen Annäherung
entfernen können. Die Oberschenkel können also nicht mehr nach
vorn vorfallen. Es kann auch eine
Streckbewegung der Oberschenkel,
durch welche der Steiss über die
Tischkante zurückrückt, nicht mehr
eintreten. Dadurch fallen alle Ur-
sachen für den unerwünschten Eintritt einer Geradlage der Patientin
vollständig weg. Abgesehen hiervon würde schon ohnehin an und
für sich die bessere Umschmiegbar-
keit und der deshalb auch bessere

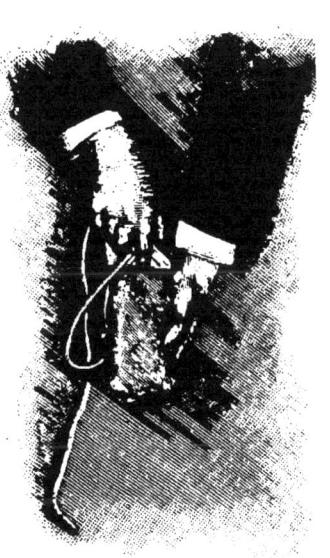

Fig. 29.

Sitz der Gurtbänder, die ich an Stelle der starren Halbrinnen gebrauche, einem Abrutschen derselben nach der
Leistenbeuge zu und somit einem Vorwärtsfallen der nun
nicht mehr angehaltenen Knie entgegentreten. Die seitliche Schnur verhindert selbst bei mangelhafter Narkose
und bei den denkbar ungünstigsten Umständen, dass die
Extremitäten auch nur im allermindesten nach links oder
nach rechts hin schwanken. Die seitliche Schnur macht

es absolut unmöglich, dass der gesamte Patient in die voll-
ständigste Seitenlage nach rechts oder links hinüberfällt.
Die seitliche Schnur an den beiden Beinen macht den
eisernen Stabapparat zwischen den Knien unnötig, indem
sie die Annäherung der Knie aneinander verhindert,
während die zwischen den Knien befindliche Schnur die
Entfernung derselben voneinander unmöglich macht.

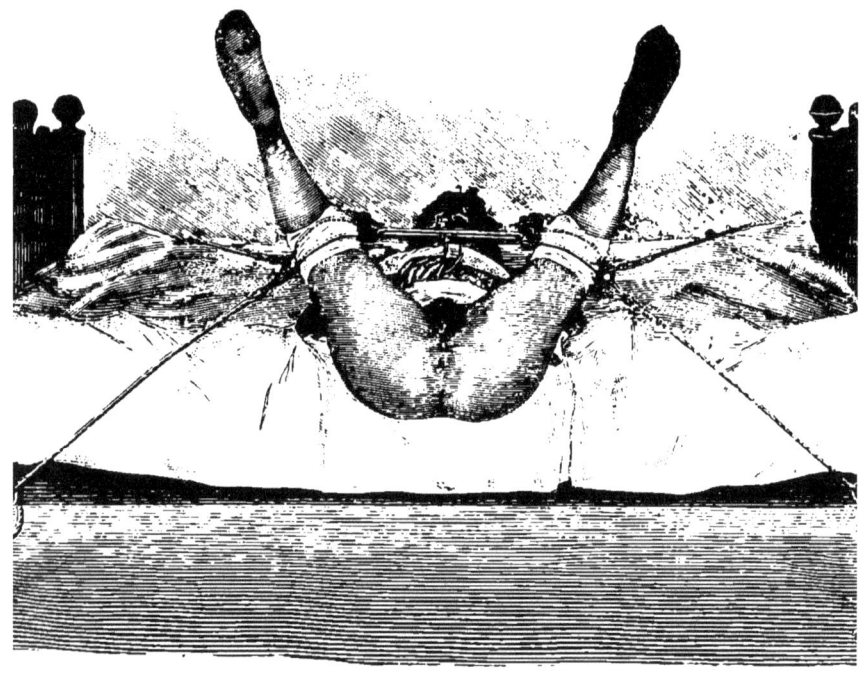

Fig. 30.

Alle die andeutungsweise erwähnten Nachteile, welche
so häufig Störungen der Asepsis bedingen müssen, waren
an den bisher bekannten Apparaten vorhanden. Bei meinem
Apparate dagegen fallen diese Nachteile sämtlich, und zugleich die durch sie hervorgerufenen Gefährdungen für
die Asepsis weg.

Gesetzlich geschützt ist die Anwendung der seitlichen
Schnur, welche den Eisenapparat zwischen den Knien
überflüssig macht und die eben geschilderten Vorzüge bedingt, sowie der Gebrauch von Fadenschnuren und Gurt-

band an Stelle von Lederriemen und Halbrinnen. Eine genauere Beschreibung beider Arten der von mir angegebenen Beinhalter habe ich bei *Louis Heuser*, Neuwied, erscheinen lassen unter dem Titel: »Ueber zwei neue transportable Beinhalter und über die bisherigen Beinhalter«, *Heusers* Verlag 1894, II. Auflage. Ich selbst gebrauche beide Beinhalter nunmehr bereits seit März 1889.

7. Leinenmäntel und Gummischürzen.

Um die aseptischen Hände des Operateurs vor Berührung von dessen übrigen Körperteilen, die nicht aseptisch sind, zu schützen, und um auch weiterhin das keimfrei gemachte Operationsfeld und die sterilen Instrumente vor diesem Kontakte zu bewahren, ist es üblich, dass der Operateur einen in Dampf sterilisierten Leinenmantel anzieht, der den Leib sowie die Brust bis hoch an den Hals heran bedeckt und ausserdem mit Aermeln versehen ist, welche die Oberarme und einen Teil der Vorderarme umhüllen, so dass aus diesen nur die keimfrei gemachten Hände hervorragen. Eine gleiche Bekleidung trägt der Assistent. In der That ist ein Schutz in diesem Sinne dringend nötig. Es will mir jedoch scheinen, als ob ein Mantel in solcher Form seine Zwecke nur ungenügend erfüllt und in vielen Fällen der Asepsis direkt hinderlich ist. Das Anziehen einer solchen Gewandung bedarf zunächst eine ganz besondere Sorgfalt und Ueberlegung, wenn man hierbei die Keimfreiheit derselben durch Kontakt mit keimhaltigen Dingen nicht in Frage stellen will. Besitzt der Operateur nicht das Geschick den Mantel allein anzuziehen, und muss das Personal zugreifen, so müssen dessen Hände absolut keimfrei, und dessen aseptische Logik sehr gut ausgebildet sein; Vorbedingungen, die man, wie oft schon erwähnt, recht schwierig erfüllt sehen dürfte. Die Enden des langen Leinenbandes, welches den Mantel hauptsächlich zusammenhält, werden nämlich auf der vorderen Seite des Mantels geknüpft, und dieser Teil des

Mantels kommt gerade am leichtesten mit dem Operationsfeld, mit den Händen und Instrumenten in Kontakt, vergl.
Fig. 31. Sind nun die Hände des Personales, welches die
Enden des Leinenbandes vorn knüpft, nicht absolut keimfrei, so infizieren sie den Mantel leicht durch
dessen unvermeidliche Berührung an der
fraglichen Stelle. — Bedenken an einem
solchen Mantel sind aber auch hinsichtlich
verschiedener anderer Punkte noch vorhanden. Das untere Ende der Aermel, aus
denen die Hände hervorstehen, schliesst
rings herum nicht dicht an den Arm an.
Es entsteht somit zwischen der Haut des
Vorderarmes und dem Saum der Mantel-
öffnung ein klaffender Spalt. Unreinlich-

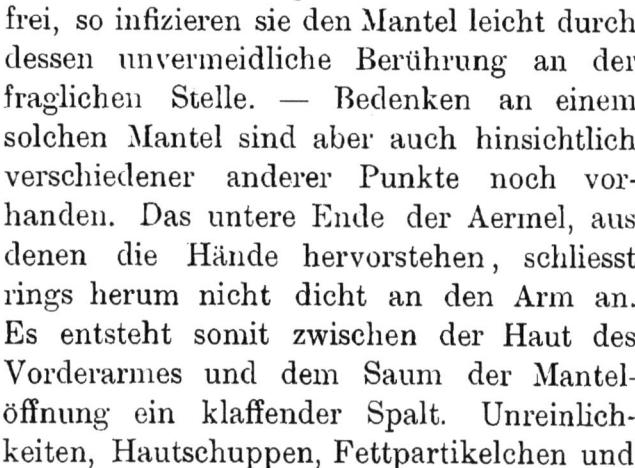

Fig. 31.

keiten, Hautschuppen, Fettpartikelchen und
Schweiss gleiten aus der nicht aseptischen Achselhöhle
leicht im Innern des Aermels entlang nach abwärts und
treten nach unten und aussen. Sie gelangen hierbei direkt
an die aseptischen Hände und in das Operationsfeld. Die
nicht aseptischen Stoffe gelangen also gerade durch Vermittelung der Aermel dorthin, wo sie am wenigsten erwünscht
sind. Weiter aber ist es sehr unangenehm, dass die Enden
der Aermel infolge ihrer Länge leicht in die Operationswunde tauchen und in gleicher Weise auch in diejenigen
Gefässe, in welche die Hand hineingreift.

Die Verschleppung etwaiger infektiöser Stoffe erscheint
hierdurch stark begünstigt, umsomehr, als beim Hinein-
fassen in eine Schüssel die Aermelenden häufig auch
ausserhalb der Schüssel befindliche Gegenstände berühren,
die nicht aseptisch sind, wofern diese nicht etwa extra
der Aermel wegen aseptisch gemacht wurden. Der Operateur und Assistent aber wird eine derartige Berührung
selten gewahr, da er sie nur mit den Augen beobachten
und nicht fühlen kann. Sein Augenmerk aber ist bei
schwierigen Operationen auf ganz andere Dinge kon-

zentriert. Weitere aseptische Gefahren drohen von demjenigen Teile des Mantels, welcher Brust und Leib bedeckt. Beugt sich nämlich der Operateur nach vorwärts, wie sich dies bei Laparotomien nicht umgehen lässt, so bläht sich der Mantel nach vorn auf. Das Leinen entweicht von Brust und Leib weg in die Nähe des Operationsfeldes hin, so dass es mit diesem, sowie mit den Händen und Instrumenten in Berührung kommt. Auch hier kann in gleicher Weise eine Uebertragung an den Mantel gelangter infektiöser Stoffe stattfinden.

Um alle die geschilderten Nachteile zu vermeiden, habe ich mir meine Mäntel so anfertigen lassen, dass der Aermel selbst ausserordentlich kurz ist und gleich unterhalb der Achselhöhle aufhört. Das Ende des Aermels befindet sich demnach hoch oben in weiter Entfernung von den Händen selbst. Hierzu kommt noch, dass innerhalb seines Randes rings herum ein Gummiband eingesäumt ist. Vergl. Fig. 32. Durch die elastische Zugwirkung desselben liegt das Leinen direkt der Haut des Oberarmes an, so dass von der Achselhöhle her infektiöse Stoffe keinen Ausweg aus dem Aermel finden. Gummiband an Stelle von Leinwand wählte ich absichtlich deshalb, weil der Umfang des Armes bei verschiedenen Bewegungen, je nach der Zahl der dabei sich anspannenden Muskeln, verschieden gross ist. Der elastische Gummi schmiegt sich und adaptiert sich, so dass in jedem Moment ein dichter Abschluss und ein sicheres Anliegen der Aermelenden an die Haut besteht. Bei dem Leinenband, welches starr bleibt und nicht nachgiebt, ist dies nicht der Fall. Wird es festgeschnürt, so drückt es und ist zu eng, sobald bei gewissen Bewegungen der Umfang des Armes, wie dies bei Adduktionsbewegungen der Fall ist, zunimmt. Wird es locker geknüpft, so schliesst es nicht dicht, wenn der Umfang des Armes, wie dies bei Streckbewegungen stattfindet, geringer wird. — Durch die Vorrichtung der ganz kurzen Aermelenden bleibt bei meinen Mänteln fernerhin

Vorder- und Oberarm frei. Es findet dadurch ein Kontakt der Enden des Aermels mit der Operationswunde, den Instrumenten, dem Inhalte der Schüsseln oder gar deren nicht aseptischer Aussenseite nicht statt, wie dies bei den langen Aermeln der bisherigen Mäntel unvermeidlich ist. Es kann höchstens der Vorderarm mit den genannten Objekten in Berührung kommen. Eine solche fehlerhafte Berührung aber selbst des nicht aseptischen Gebietes ist bei weitem nicht so gefährlich. Denn der Haut des Vorderarmes wohnt im Gegensatz zu einem sie umschliessenden Leinenärmel das Gefühl inne, welches den falschen Handgriff der Wahrnehmung des Operateurs sofort übermittelt und ihn in den Stand setzt, rechtzeitig paralysierende Gegenmassnahmen zu treffen.

Während ferner infektiöse Nässe sich in den langen Aermeln des bisherigen sterilen Leinenmantels festsaugte, kann diese sich bei Gebrauch meines Mantels nicht in gleicher Weise in der Haut des Vorderarms ansetzen, sondern lässt sich vielmehr von dieser mit Leichtigkeit entfernen.

Mein Mantel hat nicht etwa Vorderschluss, sondern Rückenschluss. Die Verknüpfung geschieht bei mir aber nicht, wie dies bei den meisten Operationsmänteln noch gegenwärtig der Fall ist, durch zwei lange leinene Bänder, die nach vorn geschlungen und auf der Vorderseite des Leibes geknüpft werden (vergl. Fig. 31), sondern sämtliche Bänder sind nicht nur hinten angebracht, sondern müssen auch hinten geknüpft werden. In der Regel nämlich hat der Operateur, wenn er den Mantel anzieht, sterile Hände, und würde, wenn er selbst das Band vorn knüpft, die Asepsis seiner Hände in Gefahr bringen. Denn die langen Bänder haben auf dem weiten Wege, den sie von der Entnahme aus dem Dampfsterilisator an bis zur Knotung auf der Vorderfläche des Mantels zurücklegen, ganz sicher von ihrer Keimfreiheit eingebüsst, einmal, weil Personal beim Anziehen des Mantels behilflich war, dann aber auch, weil die Länge solcher Bänder ein Auftreffen auf dem Fussboden leicht zuwege kommen lässt. Berührt der Operateur dagegen das Band beim Knüpfen nicht, sondern überlässt er diese Verrichtung dem Personal, so ist der Mantel an seiner Vorderseite, von der wir hauptsächlich Keimfreiheit verlangen müssen, durch die Hände und Handgriffe des Personales, die nie aseptisch sind, ebenfalls wieder gefährdet. Kann dagegen die Knotung hinten stattfinden, so kommt auf die Einhaltung einer strengen Asepsis nicht viel an, da eine absolute Keimfreiheit auf dem Rücken des Mantels, der mit den aseptischen Gegenständen nicht in Berührung tritt, durchaus nicht vorhanden sein muss.

Damit nun beim Vorwärtsneigen des Operateurs und Assistenten der Teil des Mantels, welcher Brust und Leib bedeckt, sich nicht nach vorn bauscht, und er somit weder dem Operationsfelde näher rücken, noch eine Berührung mit diesem, mit den aseptischen Händen und Instrumenten bewirken kann, habe ich im Innern des Mantels rings herum einen Zug in Gestalt eines leinenen Bandes, welches in einem Hohlsaum beweglich verläuft, anbringen lassen. Dasselbe wird fest

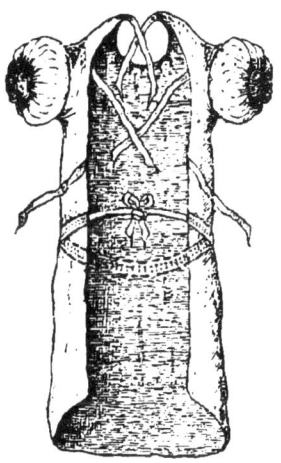

Fig. 32.

angezogen und geknüpft. Hierdurch wird die Vorderseite des Mantels in jedem Moment dicht am Körper des Operateurs angehalten, gleichviel in welcher Stellung sich derselbe befindet. Die Verknüpfung geschieht wie bei den übrigen Bändern des Mantels auf dem Rücken desselben und wird, da dieser nicht streng aseptisch zu sein braucht, vom Personale vorgenommen. Vergl. Fig. 31, sowie Fig. 32.

Aus alle dem Gesagten geht hervor, dass mein Mantel während der ganzen Dauer der Operation bei einiger Geschicklichkeit eigentlich niemals mit dem Operationsfeld, den

Händen des Operateurs oder Assistenten und den Instrumenten, welche absolut aseptisch sein müssen, in Berührung
kommt. Er braucht daher auch nicht aseptisch zu sein.
Ich verzichte deshalb auf die Sterilisation meiner Mäntel
im Dampfsterilisator und stelle an sie nur dieselbe An-
forderung wie an eine jede andere saubere Wäsche. Und in
der That habe ich hiervon nie einen Nachteil für den aseptischen Verlauf der Operation gesehen. Ist doch nach
zahlreichen Untersuchungen hervorragender Bakteriologen
die frisch gewaschene Wäsche, welche von den Wäscherinnen gekocht ist, in der Regel relativ keimfrei. Dieselbe
Betrachtung gilt für die leinenen Behänge der Beinhalter,
welche oben erwähnt und in Fig. 27 abgebildet sind.
Dieser leinene Mantel und die Beinhalterbehänge sind
also bei meinem ganzen Verfahren die einzigen Objekte,
für welche allenfalls eine Sterilisation in Wasserdampf in
Betracht kommen könnte.

Die leinenen Operationsmäntel schützen zwar in vorzüglicher Weise das ganze aseptische Gebiet und die aseptischen Objekte gegen etwaige infektiöse Stoffe, die der
Kleidung des Operateurs oder dessen nicht desinfizierten
Körperteilen anhaften, dagegen bewirken sie umgekehrt
keinen Schutz des Operateurs selbst vor Durchnässung,
da sie für Flüssigkeiten ausserordentlich leicht durchgängig
sind. Es ist deshalb in vielen Fällen, wo es sich um
grosse Flüssigkeitsmengen handelt, besonders bei Operationen, die der Operateur sitzend und namentlich unter
Anwendung der permanenten Wundirrigation vornimmt,
wünschenswert, dass zum Schutze vor Durchnässung noch
unterhalb der Leinenmäntel solche aus wasserdichtem Stoffe
auf dem Körper getragen werden. Gummituch hat sich
hier praktischer erwiesen als Billroth-Battist und andere
dünne Stoffe, da diese leicht zerreissen. Dem Gebrauche
des Gummis haftet der Nachteil an, dass grosse aus ihm
gefertigte Mäntel, welche allseitig anliegen, im Gewicht
zu schwer sind, während kleine und deshalb leichtere

Schürzen den Körper zu wenig bedecken. Um der Unbequemlichkeit und Ermüdung des Operateurs, die durch den Gebrauch grosser Mäntel entsteht, und andererseits dem durch Verwendung kleiner Schürzen hervortretenden Nachteile zu steuern, habe ich mit Erfolg eine von der gegenwärtigen Gewohnheit abweichende Art der Knotung angegeben. Fig. 33 veranschaulicht die jetzt übliche Knotung eines Gummimantels, wie sie auf dem Rücken des Operateurs stattfindet. Rechts und links sind am Rande des Mantels leinene Bänder oder Lederriemen angebracht. Durch Verknüpfung oder Verschnallung der korrespondierenden Enden wird die Befestigung hergestellt. Die Last des ganzen Mantels ruht in Wirklichkeit nur auf der obersten Schlinge oder aber auf derjenigen Schlinge, welche die Verbindung der beiden über der Schulter aufliegenden Teile des Mantels, der sogenannten Lätze, vermittelt. Auf alle Fälle erhält der Hals die Belastung. Dies führt zur Ermüdung, ganz besonders wenn der

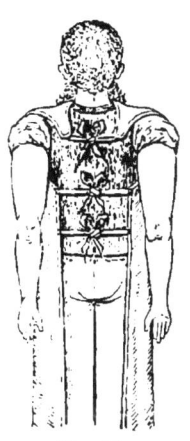

Fig. 33.

Operateur während der Operation gebückte Stellung annehmen muss, umsomehr als dann die Schlingen, welche verschiebbar sind, leicht höher am Halse emporrücken.

Gleichzeitig wird aber dann noch der Halt der Schürze an Brust und Leib weniger gut anliegend. Die Schürze bläht sich vor, kommt leichter mit dem Operationsfeld, den Händen des Operateurs und den Instrumenten in Berührung und gefährdet dadurch die Asepsis. Die übrigen Faden oder Lederschlingen, welche an der Schürze noch angebracht sind, tragen nicht die Last derselben, sondern dienen nur dem Zweck, die Schürze vorn an der Brust und dem Leib angedrückt zu halten; freilich erfüllen sie diese Bestimmung, wie eben erwähnt, in recht unvollkommener Weise.

Meine Methode, die Schürze zu knoten, besteht darin,

dass durch diejenige Schlinge, welche die beiden der Schulter aufliegenden Lätze miteinander verbindet, eines der tief unterhalb von ihr angebrachten Leinen- oder Riemenbänder vor seiner Verknüpfung oder Verschnallung hindurchgezogen wird, vergl. Fig. 34. Hierdurch wird die Last der Schürze, die sich bei der bisher üblichen Methode

in der Schulterschlinge konzentrierte, auf die tief unter ihr liegende Schlinge und somit auf den Mantel selbst wieder übertragen. Die Last des Mantels ruht nunmehr wirklich der Schulter und nicht in beschwerlicher Weise dem Halse auf. Die Last des Mantels befindet sich ferner nicht allein vorn, sondern sie ist in zwei Hälften, welche vorn und hinten in gleicher Weise belasten, verteilt. Der Operateur fühlt fast gar nicht, dass er überhaupt eine Schürze trägt. Die Schürze liegt ausser-

Fig. 34.

dem knapp und bequem an ihrer Vorderseite der Brust und dem Leib auf. Sie bauscht sich nicht vor. Störungen der Asepsis ebenso wie Ermüdung des Operateurs sind ausgeschlossen. Selbstverständlich muss, da Gummituch oder Billrothbattist nie ganz aseptisch zu machen sind, über einer solchen aus dem angegebenen Material gefertigten Schürze noch ein leinener Operationsmantel, wie er oben angegeben ist, während der Operation getragen werden.

8. Schutz vor Infektionsstoffen, die von der Decke des Operationszimmers niederfallen können.

Zweifellos verdient, namentlich bei Laparotomien, da das Peritoneum ein ausserordentlich feines Reagens gegen septische Keime ist, die Möglichkeit, dass von der Decke des Operationszimmers leicht Keime auf die aseptischen Objekte niederfallen können, volle Beachtung. Wenn man auch nicht die mit Oelanstrich, so doch die mit Kacheln überzogene Decke eines solchen Raumes mit heissem, ja kochendem Wasser abspritzen kann, so ist man doch nicht in der Lage, die Einwirkung des kochenden Wassers auf alle Teile derselben, und zwar einige Minuten lang ausdehnen zu können, wie dies für eine Garantie der Asepsis nötig sein würde. Die Decke selbst aber in Wasser direkt abzukochen oder sie in Wasserdampf zu sterilisieren, ist, da man sie weder herunternehmen noch in einzelne Teile zerlegen kann, erst recht nicht möglich. Man müsste denn gerade den ganzen Operationsraum selbst als Dampfkammer eines grossen Sterilisators umbauen lassen. Einem solchen Vorschlage würden sich allerdings erhebliche technische Schwierigkeiten entgegenstellen, denn einmal muss es mehr als fraglich erscheinen, ob die Wände des Zimmers und vor allem die dünnen Fensterscheiben den Dampfdruck, der nötig ist, aushalten würden. Dann aber auch sind Dichtungen an Thüren und Fenstern, die das Ausströmen von Dampf verhindern, ganz ausserordentlich schwer herzustellen und jedenfalls nicht andauernd in gut funktionierendem Zustand zu erhalten.

Nachdrücklich zu warnen ist vor der an einigen Orten üblichen Scheindesinfektion, welche darin besteht, dass man Dampf aus irgend einer Zimmerecke in den Operationsraum eine Zeit lang einströmen lässt. Die Luft wird zwar hierbei durchfeuchtet und durch diese blosse Durchfeuchtung aseptisch. Die Zimmerdecke aber wird, wenn sie infektiöse Stoffe enthält, keineswegs etwa durch die Wasserdämpfe aseptisch gemacht, denn dieser Dampf wirkt, wie des näheren bei Erörterung der Dampfsterilisation ausgeführt ist, nicht direkt keimtötend, vergl. Teil I, Abs. 3. Es entsteht vielmehr eine hochgradige Nässe an der Zimmerdecke, umsomehr als fast der ganze ausströmende Dampf, weil er spezifisch leichter als Luft ist, im Raume nach oben steigt und sich dort kondensiert. Es bilden sich perlenartige Wassertropfen, die während der Operation niederfallen. Falls nun der Zimmerdecke infektiöse Stoffe anhafteten, fallen diese jetzt direkt mit den Wassertropfen zugleich, in denen sie enthalten sind, nach unten und gelangen somit auf die Instrumente, auf die Hände des Operateurs und in die Wunde und bewirken eine Infektion derselben. Obwohl also eine möglichste Durchfeuchtung der Luft dringend nötig ist, um sie keimfrei zu machen und die in derselben enthaltenen Keime mechanisch zu Boden zu reissen, so ist andererseits vor Ueberschreitung einer gewissen Grenze zu warnen, damit keine Tropfenbildung an der Decke entsteht. — Ich ziehe es unter diesen Umständen vor, ein leinenes Tuch unter die Zimmerdecke zu spannen, welches das Bereich des Operationstisches und womöglich auch dasjenige des Instrumententisches ausgiebig überdacht. Tropft es von der feuchten Zimmerdecke herab, so fängt das leinene Tuch die Tropfen auf. Ausserdem schützt es vor Kalkbröckelchen und anderen Unreinlichkeiten, die von einer nicht vorschriftsmässig glatten Decke, wie wir sie bei Operationen in der Privatpraxis regelmässig treffen, niederfallen könnten.

Eine übermässige Durchdampfung des Zimmers ist bei Anwendung des Tuches nicht mehr schädlich. Das leinene Gewebe saugt die Feuchtigkeit bis zu einem hohen Grade auf, ohne sie aber wie die spiegelglatte nicht resorptionsfähige Fläche der Zimmerdecke abtropfen zu lassen. Früher habe ich wohl auch ein solches Deckentuch nach erfolgter Befestigung an der Decke mit Sublimatlösung 10—12 Stunden vor der Operation eingespritzt, um eine Abtötung etwaiger Keime desinfektorisch-chemisch zu erzielen. Bis zur Operation war das Tuch dann trocken. Jetzt thue ich dies nicht mehr, denn die Feuchtigkeit, die bei der Durchdampfung in das Tuch eindringt, fesselt allen Staub in demselben fest, so dass nichts niederfallen kann.

Das Tuch wird einfach wie jede andere Wäsche gewaschen und dabei gekocht. Ich sehe davon ab, dasselbe direkt vor dem Gebrauch in Dampf zu sterilisieren oder in Wasser zu kochen. Denn bei der Vornahme seiner Befestigung unterhalb der Decke bleibt es unmöglich steril wegen der vielen Handgriffe und Berührungen, denen es hierbei besonders infolge seiner Grösse ausgesetzt ist. Es genügt zudem, wenn alles nur reinlich zugeht. In der Privatwohnung lasse ich meist ein grosses, reines Betttuch an der Decke des zur Operation bestimmten Raumes annageln. Durch Anklopfen mit dem Hammer ermittelt man leicht die in der Decke befindlichen Holzbalken und Bretter, in denen die eisernen Nägel festen Halt finden.

In meiner Klinik gebrauche ich grosse leinene Tücher, die besonders für diesen Zweck bestimmt sind (vergl. Fig. 35).

Fig. 35.

An zwei gegenüberliegenden Seiten ist der Rand eines solchen Tuches umgeschlagen und gesäumt. Der Umschlag, welcher entsteht, ist so gross, dass sich eine Holzstange bequem hindurchschieben lässt. An den beiden Enden einer jeden Holzstange ist eine eiserne Oese eingeschraubt, an welche sich ein leinenes Band angeknüpft befindet. Das freie Ende des leinenen Bandes trägt einen Ring, der zum Zwecke der Befestigung des Tuches an der Decke dient, indem er an die an der Decke befindlichen Schraubhaken eingehangen wird. Das Aufhängen, Abnehmen und Wechseln des Tuches ist leicht. Die beiden an jeder Stange hängenden Leinenbänder mit ihren Ringen

werden vom Holze nicht abgenommen, sondern Stange,
Band und Ring zugleich durch den Umschlag am Tuch
durchgezogen. Zum Aufhängen dient eine Holzstange, an
deren Spitze eine eiserne Gabel angebracht ist. Die in
der Decke eingeschraubten Haken müssen ziemlich weit
hervorstehen, damit die Einpackung bequem vorgenommen
werden kann. Man kann die Schraubhaken auch statt an
der Decke am oberen Teil der seitlichen Zimmerwandungen
anbringen lassen. — Die weisse Decke reflektiert das Licht
gut in das Abdomen.

Bisweilen ist es, wenn auch nur aus Bequemlichkeits-
gründen, nötig, dass der Tisch, auf dem die Instrumente
und die übrigen sterilen Objekte während der Operation
liegen, von seiner ursprüng-

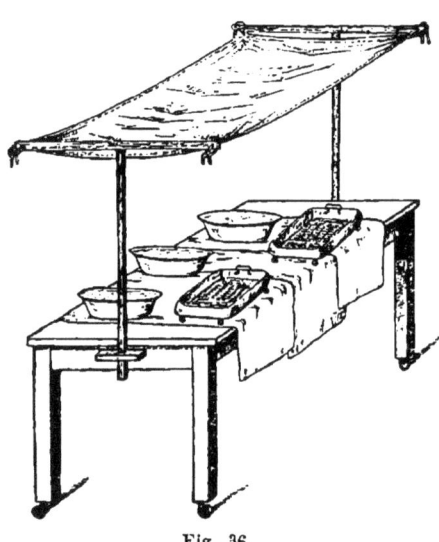

Fig. 36.

lichen Stelle, die sich unterhalb des an der Decke angebrachten Leinentuches be-
findet, hinweggerollt wird,
so dass er sich alsdann
ausserhalb des Bereiches
desselben befindet. Ich
habe neuerdings gleich von
vornherein ein weiteres nur
für den Tisch bestimmtes
Leinentuch angewendet,
und zwar habe ich es an
diesem selbst weit ober-
halb der Platte angebracht.
Vergl. Fig. 36.

In der Mitte der beiden schmalen Seiten des Tisches
ragen zwei Stangen hoch empor, auf deren oberem Ende
je ein quer zu ihrer Längsachse verlaufender Stab angebracht ist. Derselbe hat an seinen beiden Enden Löcher.
In diesen wird das leinene Tuch befestigt, indem die an
seinen vier Ecken befindlichen Bänder durchgesteckt und
verknotet werden. Die beiden Stangen selbst können vom

Tische abgesteckt und gereinigt werden. Die an denselben angebrachten Querstäbe und das leinene Tuch sind etwas breiter als die Tischplatte selbst, um diese ausreichend zu überdachen.

9. Asepsis der Luft.

Bereits in den voranstehenden Abschnitten wurde mehrfach die Thatsache erwähnt, dass die Luft an und für sich, wenn sie frei von Staub ist, auch keine für die Wunde gefährlichen Infektionserreger enthält. Nur der etwa in der Luft vorhandene Staub ist Träger solcher Keime. Hieraus folgt, dass, wenn wir für Staubfreiheit der Luft sorgen, wir damit zugleich die Asepsis derselben herstellen. Das beste Mittel, welches wir zu diesem Zwecke besitzen, besteht in ausreichender Durchfeuchtung der Luft, durch welche der in ihr vorhandene Staub mechanisch schwerer wird und zu Boden fällt.

Auf dieser von der modernen Bakteriologie festgestellten und einwandfrei bewiesenen Thatsache allein beruht die Möglichkeit aseptischer Durchführung einer Operation überhaupt. Es ist gerechtfertigt, dass wir die einschlagenden Verhältnisse und ihre Konsequenzen, welche für die Praxis von unendlicher Tragweite sind, in einem gesonderten Abschnitt für sich einer eingehenden Betrachtung unterziehen, umsomehr, als dieselben nicht allein einem grossen Teile der Aerzte aus der alten Schule, sondern sogar einer nicht geringen Zahl jüngerer Chirurgen leider auch heute noch nicht hinreichend geläufig sind.

Bekanntlich herrschte in vorantiseptischen ·Zeiten die Anschauung, dass die Luft der hauptsächlichste Feind offener Wunden sei, auf dessen Fernhaltung alles ankam. Im Beginne des Zeitalters der Antisepsis und der Bakteriologie fing man an, diese Ansicht dahin abzuändern, dass man annahm, die Luft enthalte Keime, und zwar würden ihr diese von den Objekten, mit denen sie in Berührung trete, mitgeteilt. Man stellte sich also das Verhältnis in ähnlicher

Weise vor, wie es bei dem Wasser zu finden ist, welches
alle an den Objekten, mit denen es in Berührung steht,
befindlichen Keime in sich aufnimmt. Wie nun das Wasser
beispielsweise Infektionserreger, Unreinlichkeiten und
Schmutz von dem einen Objekte, welches es berührt, in
sich aufnimmt und dieselben den übrigen Objekten, mit
denen es ebenfalls in Kontakt steht, mitteilt, so sollte in
ähnlicher Weise die Luft als Uebertragungsmittel dienen.
Es sollten daher die Infektionserreger, welche einem nicht
desinfizierten Körper anhaften, durch Vermittelung der
Luft auf die in der Nähe befindliche Operationswunde
selbst, an die Instrumente, sowie an die anderen desinfizierten Objekte gelangen. Die Folge dieser Anschauung
war konsequenter Weise die, dass man darnach strebte,
alle Objekte, mit denen die Luft des Operationszimmers
in Berührung kam, zu desinfizieren, damit dieselben keine
Infektion der Luft bewirken könnten. Dann aber ging die
Aufgabe selbstverständlich auch dahin, die Luft selbst einem
eingehenden Desinfektionsprozesse zu unterwerfen, damit
die in ihr bereits vorhandenen Keime auf das gründlichste
vernichtet würden. Diese Aufgabe nun, die man sich stellte,
war, wie wir gleich sehen werden, eine technisch ausserordentlich schwierige, ja praktisch überhaupt ganz un-
durchführbare.

Es erstreckte sich die Fürsorge der Asepsis vorerst also
auf alle im Operationszimmer vorhandenen Objekte, da
man annahm, dass von einem jeden derselben eine Infektion der Luft drohe. Man glaubte zunächst, dass Wände,
Fussboden und Möbel des Operationszimmers zu desinfizieren seien. Man gab den Wänden und der Decke einen
glatten Oelanstrich, oder überkleidete sie mit Kacheln oder
Marmor. In ähnlicher Weise sorgte man für eine glatte
Oberfläche des Fussbodens, indem man ihn mit Terazzo-
platten oder Cement bedeckte und Holzdielen vermied.
Die Möbel des Operationszimmers selbst fertigte man aus
Eisen statt aus Holz und liess sie ebenfalls mit Oel über-

streichen. Die eigentliche Desinfektion der Objekte sollte
nun in der Weise vor sich gehen, dass dieselben mit antiseptischen Flüssigkeiten befeuchtet oder abgewaschen wurden. Man gab sich der sicheren Ueberzeugung hin, dass
hierdurch sämtliche an den Objekten befindlichen Infektionskeime vernichtet würden. Durch die hervorragenden Arbeiten der modernen Bakteriologie wurden wir aber bald
belehrt, dass chemische Desinfektionsmittel überhaupt und
zwar selbst die stärksten unter ihnen wenn auch in noch
so hoher Konzentration erst nach Tagen und Wochen und
dann auf alle Fälle noch nicht in zuverlässiger Weise die
für die Wunde gefährlichen Infektionserreger abtöten. Im
Gegensatz hierzu aber lernten wir in dem kochenden Wasser
und dem Wasserdampf, wofern dieser die pag. 32—36 geschilderten Eigenschaften besitzt, diejenigen Mittel kennen,
welche allein im stande sind, eine absolute Asepsis zu verbürgen. Es wäre also demnach die Aufgabe an uns heran-
getreten, die Decke und Wände des Operationszimmers,
sowie die Möbel durch Auskochen in Wasser oder Sterilisation
mittelst Wasserdampf keimfrei zu machen. Dass dies auf
keine Weise irgendwie praktisch möglich ist, wurde bereits
pag. 125 unter Angabe der Gründe dargelegt. Aber auch
ganz abgesehen von den an dieser Stelle angeführten
Hindernissen, müsste man doch überhaupt erst dafür sorgen,
dass diese Objekte aus einem Material angefertigt werden,
welches sowohl kochendes Wasser als Wasserdampf verträgt. Unter anderem würde Oelanstrich, da dieser sich
sofort auflöst, ganz unzulässig sein. Die gleichen Bemer-
kungen gelten auch hinsichtlich der Möbel des Operationszimmers. Selbst die aus Glas bestehenden Platten der
Operationstische wären zu diesem Zwecke nicht brauchbar.
Denn Glas enthält, namentlich wenn es von dieser Grösse
ist, in seinem Inneren Luftblasen. Durch die bei dem
Sterilisationsprozesse ansteigende Temperatur dehnt sich
die Luft in den abgeschlossenen Hohlräumen des Glases
aus, und da Glas physikalisch einen anderen Ausdehnungs-

coëffizienten hat wie Luft, so platzt es. Man müsste also demnach gleich eine Reihe von gläsernen Tischplatten für diesen unangenehmen Zufall in Bereitschaft halten.

Aber selbst angenommen, es würde gelingen, zur Anfertigung der erwähnten Objekte ein passendes, wenngleich sicher sehr kostspieliges Material zu finden, welches den gestellten Ansprüchen genügt, so wäre die Aufgabe der Desinfektion sämtlicher im Operationszimmer vorhandenen Objekte noch lange nicht gelöst. Denn ausser den Wänden, der Zimmerdecke und den Möbeln würden noch viele Dinge zurückbleiben, welche ebenfalls desinfiziert und daher entweder dem Kochprozess oder der Sterilisation in Wasserdampf unterworfen werden müssten. Es sind dies beispielsweise die Thüren, die Klinken und Schlösser an denselben, die Schränke für das Verbandzeug, die Lampen, ferner aber auch noch die aus Leder oder Gummituch angefertigten Gegenstände, die wie die Fussbekleidung und die Gummischürzen dem Operateur und dem sämtlichen Personal, welches anwesend ist, unentbehrlich sind. Leder und Gummituch sind bekanntlich Stoffe, welche kochendes Wasser oder Wasserdampf gar nicht aushalten. Also auch für die Herstellung dieser Objekte müsste es erst der Technik gelingen, ein geeignetes Material ausfindig zu machen.

Ja es müssten nun aber auch weiterhin, falls die Lehre von der Infektionsvermittelung der Luft richtig wäre, nicht allein die Hände des Operateurs, sondern auch sein ganzer übriger Körper bis zu den Fusszehen herab sowie deren Unternagelräume einer gleich gründlichen Reinigung wie seine Hände unterworfen werden. Eine solche müsste weiterhin auch bei sämtlichem Personal und zwar in nicht geringerem Grade stattfinden. Ferner würde auch die Wäsche, die von den Anwesenden getragen wird und zwar nicht die blossen Mäntel allein, sondern gleichzeitig die Unterwäsche einschliesslich der Strümpfe einer absoluten Sterilisation zu unterwerfen sein.

Aber auch dann wäre die Aufgabe noch nicht gelöst.

Denn eine ganz besondere Schwierigkeit würde die Desinfektion der Luft bieten. Man hatte bekanntlich versucht, dieselbe durch Karbolspray zu erreichen, aber die Anwendung desselben bald wieder aufgegeben, sobald man erkannte, dass chemische Desinfektionsmittel von ganz untergeordneter Wirkung sind. *Neubert* griff deshalb zu dem Mittel, die Luft vor dem Eintritt in das Operationszimmer filtrieren zu lassen. Es ist jedoch dieses Verfahren korrekt nicht durchführbar. Man hat keine Garantieen, dass die Luft ausser durch das Filter nicht auch noch durch andere Oeffnungen, Spalten und Ritze in das Operationszimmer eintritt, und sich somit in diesem ein Gemenge von filtrierter und nicht filtrierter Luft befindet. Denn eine hermetische Dichtung der Thürspalten, Schlösser und Fensterrahmen lässt sich kaum je praktisch durchführen. Auch wenn sie gelänge, wäre es doch recht fraglich, von welchem Zeitpunkte an man das Operationszimmer als mit ausschliesslich nur filtrierter Luft angefüllt betrachten sollte. Zunächst müsste doch erst sämtliche nicht filtrierte Luft aus dem Operationszimmer ausgetrieben, und dieses somit luftleer gemacht werden, ehe filtrierte Luft einströmt. Denn man wäre sonst abermals nicht sicher, eine Mischung von filtrierter und nicht filtrierter Luft vor sich zu haben. Ein solches Verfahren aber geht wiederum nicht an, denn der Operateur, die Aerzte und das Personal würden sich zum verhängnisvollen Nachteil ihrer Gesundheit eine Zeit lang in einem luftleeren Raum befinden müssen. Sollen diese Personen aber umgekehrt erst eintreten, nachdem die Luft im Operationszimmer filtriert ist, so dringt in dem Moment, wo die Thürspalte sich öffnet, nicht filtrierte Luft von aussen herein.

Eine weitere Schwierigkeit würde die Beantwortung der Frage bilden, ob die Objekte vor Desinfektion der Luft oder nach dieser keimfrei gemacht werden sollen. Wurden sie vorher keimfrei gemacht, so musste man gemäss der damaligen Anschauung besorgen, dass sie unmittelbar nach ihrer Desinfektion von der noch nicht desinfizierten Luft aufs neue infiziert würden. Wurden sie aber nachher desinfiziert, so musste man umgekehrt fürchten, dass von ihnen selbst inzwischen Infektionskeime in die Luft gelangen könnten. Schliesslich aber ist nicht abzusehen, wie man die Operationswunde vor der Exspirationsluft der Anwesenden, die man doch ebenfalls für infektiös hielt, schützen sollte.

Aus allen den voranstehenden Ausführungen ist ohne Weiteres klar, dass, wenn die frühere Ansicht von der Infektionsvermittelung der Luft richtig gewesen wäre, man niemals Operationen hätte aseptisch ausführen können, da die als Konsequenz der früheren Anschauung erforderliche Durchführung einer vollkommenen Sterilisation hinsichtlich sämtlicher im Operationszimmer vorhandenen Gegenstände und der Luft undurchführbar war. Vor allen Dingen wäre eine Operation in der Privatpraxis, wo man den aufgestellten Erfordernissen noch weniger gerecht werden konnte, stets gleichbedeutend mit einem Todesurteile gewesen.

Es war deshalb eine Beruhigung für jeden gewissenhaften Operateur, dass die moderne Bakteriologie auf Grund beweisender Experimente Thatsachen aufdeckte, welche die bisherigen Anschauungen von der Infektiosität und Infektionsvermittelung der Luft vollständig umwarf. Wie ich bereits anführte, ging das übereinstimmende Ergebnis hervorragender Forscher dahin, dass die Luft an und für sich selbst keimfrei ist, und dass nur der in der Luft enthaltene Staub Infektionserreger birgt. Er allein ist der Träger von infektiösen, für die Wunde gefährlichen Keimen.

Staub und Infektionserreger aber lassen sich leicht aus der Luft entfernen, indem man für eine ausreichende Durchfeuchtung derselben sorgt. Der Staub wird durch die Feuchtigkeit schwerer und sinkt mechanisch mit den in ihm enthaltenen Keimen zu Boden. Derjenige Staub aber, welcher an den im Operationszimmer befindlichen Gegenständen haftet, nimmt durch die feuchten Niederschläge, die sich gleichzeitig auf ihm absetzen, ebenfalls an Gewicht zu, so dass er fester aufliegt und sich der Luft während der Operation nicht beimengen kann. Also weder der in der Luft enthaltene noch der an den nicht desinfizierten Objekten befindliche Staub kann nunmehr durch die in ihm enthaltenen Keime die Luft des Operationszimmers oder die desinfizierten Objekte gefährden. Damit stimmt überein, dass alle Forscher die Luft in feuchten Räumen keimfrei und im Gegensatz hierzu in trockenen Räumen, in denen der Staubaufwirbelung günstige Bedingungen gesetzt sind, stark keimhaltig fanden. Bemerkenswert sind besonders die Experimente von *Hesse* und *Petri*, welche die Luft in den Potsdamer Kanälen untersuchten und feststellten, dass dieselbe absolut keimfrei war. Obwohl also die in Kanälen enthaltenen Abfuhrstoffe jederzeit die zahlreichsten und gefährlichsten Keime aller Art bergen, ist die über ihnen schwebende Luft infolge der ausgiebigsten Durchfeuchtung, die ihr durch Verdunstung des wenngleich infektiösen Wassers mitgeteilt wird, vollständig frei von irgend welchen Infektionserregern. Es ist dies um so bemerkenswerter, als dicht neben den denkbar giftigsten Brutstätten der Sepsis als schroffer Gegensatz die idealste Asepsis gedeiht. Bei vorherrschender Trockenheit und bei Staubaufwirbelungen ist die Luft an allen Orten, selbst im Gebirge und in waldreichen Gegenden ausserordentlich keimreich. Nach Regengüssen wird sie jedoch zeitweilig wieder völlig keimfrei, und zwar selbst inmitten verkehrsreicher Städte, die sonst von Staub erfüllt sind. Ein angenehmer oder unangenehmer Geruch in der Luft gestattet keinen Schluss auf das Vorhandensein oder die Abwesenheit infektiöser Keime, wie dies frühere Aerzte annahmen. Die Ausatmungsluft der Menschen und Tiere enthält, da

sie mit Feuchtigkeit geschwängert ist, keine Infektionserreger, selbst wenn sie von noch so kranken Personen
stammt und noch so übelriechend sein sollte. Im Gegensatz hierzu enthalten selbstverständlich Speichelteilchen und
Auswurfspartikel zahlreiche Keime mannigfacher Art.

Die Luft an sich also ist im Gegensatz zu den früheren
Anschauungen für die Operationswunde nicht nur nicht
schädlich, sondern sie ist ihr im Gegenteil direkt nützlich,
indem sie im bakteriologischen Sinne eine undurchdring-
liche Mauer zwischen den Gegenständen, die sie umgiebt,
aufrichtet und somit die aseptischen Objekte von den nicht
aseptischen Objekten streng abgetrennt hält. Nur die
direkte Berührung zweier Körper miteinander, der sogenannte Kontakt, übermittelt eine Uebertragung von Keimen.

Aus diesen Thatsachen müssen wir für die operative
Praxis die Lehre entnehmen, dass diejenigen Gegenstände,
die direkt oder indirekt mit der Wunde in Berührung treten,
auf das Allerpeinlichste aseptisch zu machen sind. Dagegen
ist es vollständig überflüssig und zwecklos, diejenigen
Gegenstände im Operationsraume, welche nicht mittelbar
oder unmittelbar mit der Wunde in Berührung kommen,
sterilisieren zu wollen. Weder wird eine solche Desinfektion
von der Asepsis an sich gefordert, noch ist sie überhaupt
möglich, wie bereits oben ausführlich dargethan wurde.
Aus diesem Grunde habe ich in der vorliegenden Arbeit
auch von dem Versuch abgesehen, eine Desinfektion der
Wände, des Fussbodens und der Möbel des Operationsraumes irgendwie empfehlen zu wollen. Der aseptischen
Kunst des Operateurs ist es vorbehalten, einen direkten
Kontakt mit ihnen zu verhüten.

Staub und Keime, die sich an diesen Objekten befinden
sollten, werden einfach durch Anwendung von Feuchtigkeit
unschädlich gemacht. Sorgt man ausserdem dafür, dass
diese Gegenstände selbst direkt von Staub gesäubert
werden, so droht ohnehin auch ohne Durchfeuchtung der
Luft von ihnen keine Gefahr. Die Entfernung des Staubes

hat freilich stets durch feuchtes Abwischen und Scheuern zu geschehen. Trockenes Abstäuben, Abkehren mit dem Besen, sowie alle Reinigungsproceduren, bei denen der Gebrauch des Wassers ausgeschlossen ist, haben zu unterbleiben, da diese Massnahmen nur geeignet sind, den Staub aufzuwirbeln und die Luft damit anzufüllen. Bei Verwendung von Wasser dagegen wird der Staub in die Waschflüssigkeit aufgenommen und mit dieser aus dem Raume entfernt. Besser noch als blosses Waschen ist Scheuern.

Um eine möglichst grosse Feuchtigkeit innerhalb des Operationszimmers zu erzeugen, verfahre ich gewöhnlich in der Weise, dass ich kurze Zeit vor Beginn der Operation den Fussboden und sämtliche Möbel mit Tüchern, die in kochend heisses Wasser eingetaucht wurden, reichlich anfeuchten lasse. Bisweilen ergreife ich wohl auch selbst, um rascher zum Ziele zu kommen, einen mit kochendem Wasser gefüllten Eimer und schütte dieses über den Fussboden und die Möbel aus. Die überreichliche Flüssigkeit lasse ich vom Personal mit Leinentüchern sofort wegnehmen. — Sämtliche Objekte, welche für die Operation aseptisch gemacht werden müssen, werden im Operationsraume selbst gekocht, damit die aus den Gefässen aufsteigenden Dämpfe für die Durchfeuchtung der Luft verwertet werden. Des Näheren habe ich dies schon Teil II, Absatz 3 auseinandergesetzt. Die Feuchtigkeit, welche hierbei entsteht, ist meist eine so enorme, dass, wenn die Wände, wie dies in Privatwohnungen Regel ist, mit Tapete ausgekleidet sind, diese sich kurze Zeit darauf vollständig abblättert.

10. Handtücher und Waschungen.

Zur Herstellung der notwendigen Keimfreiheit von Haut, Händen und Fingernägeln ist ohne Zweifel eine gründliche Abseifung derselben unerlässlich. Ob freilich eine solche mechanische Reinigung, wie *Jaffé*-Posen annimmt, für sich allein genügt, um eine vollständige Keimfreiheit zu erzielen, muss fraglich erscheinen. Auf Grund der vor-

liegenden, zahlreichen Untersuchungen hervorragender
Forscher auf diesem Gebiet sind wir zwar berechtigt anzu-
nehmen, dass die mechanische Reinigung die Entfernung
der obersten Epidermisschuppchen und damit die Entfernung
der in und zwischen denselben zahlreich befindlichen Keime
im grossen und ganzen besorgt, dass sie aber im wesentlichen nur dazu dient, die Glätte der Hautoberfläche und
hierdurch deren Desinfektionsfähigkeit herzustellen, so dass
nunmehr Lösungen chemicher Antiseptika im stande sind,
die nach erfolgter Waschung zurückgebliebenen Keime zu
treffen und abzutöten. Solange die Keime, wie dies vor
erfolgter Waschung der Fall ist, in Epidermisschuppchen
und Fett eingehüllt sind, erweisen sich bekanntlich selbst
die stärksten Antiseptika auch in noch so hoher Konzentration wirkungslos. Die Einschaltung einer Alkohol-
waschung zwischen mechanischer Desinfektion und Gebrauch einer antiseptischen Lösung, wie sie *Fürbringer* vorgeschlagen hat, wirkt ebenfalls nur in dem Sinne, die
Desinfektionsfähigkeit der Haut zu erhöhen. Jedenfalls
sind nach erfolgter Seifenwaschung die Hände noch nicht
absolut, sondern nur relativ keimfrei. Deshalb ist auch,
mag man immerhin zu dieser Seifenwaschung möglichst
steriles Wasser, sterilen Sand und Bürste verwenden, der
Gebrauch eines vollkommen keimfreien Handtuches zur
Abtrocknung des Waschwassers durchaus nicht unbedingt
nötig. Jedenfalls muss man solche Handtücher nicht im
Dampfsterilisator sterilisieren, sondern diese sind in einfach gewaschenem und sauberem Zustande, wo sie nach
den vorliegenden bakteriologischen Untersuchungen relativ
keimfrei sind, für den genannten Zweck ausreichend. Bekanntlich wird Wäsche von den Wäscherinnen beim Waschen
regelmässig gekocht, so dass etwaige Infektionskeime, die
infolge früher vorausgegangener Verwendung ihnen anhafteten, vollkommen vernichtet sind. Bis zum Gebrauche
bei der Operation können allerdings wieder Keime an die
Handtücher durch die verschiedenen, sie anfassenden Hände

gelangen. Aber es ist, wenn die Handtücher in Dampf sterilisiert und hierbei wirklich vollständig aseptisch werden, derselbe Fehler zu befürchten, umsomehr, als wir uns nie auf die Asepsis der Hände dritter Personen verlassen können.

Absolut keimfreie Handtücher braucht man allerdings dann, wenn man nach Beendigung der Desinfektion, wo die Hände vollständig steril sind, die der Haut anhaftende, antiseptische Lösung nachträglich noch entfernen will. Indessen raten selbst die Autoren, welche für die Dampf-sterilisation im allgemeinen und für die der Handtücher im besonderen lebhaft eintreten, hiervon ab. Hierin liegt wohl auch das Zugeständnis eines nicht vollständigen Ver-trauens auf die verlässliche Keimfreiheit der Sterilisation mittels Wasserdampfes an sich, sowie auch weiterhin auf die Asepsis der die Handtücher nachträglich anfassenden Hände des Personales.

Die Frage nach der besten und sichersten Methode der Desinfektion der Hände ist, trotz zahlreicher Versuche der hervorragendsten Forscher, von denen in erster Linie *Fürbringer* zu nennen ist, auch heute noch nicht endgültig abgeschlossen. Ich beabsichtige nicht in den Streit der verschiedenen Meinungen an dieser Stelle einzutreten und habe deshalb auch nur das, was feststeht, angeführt. Im Gegensatz zu *Fritsch*, der unmittelbar nach Beschäftigung mit infektiösen Stoffen seine Hände genügend für die Laparotomie keimfrei machen zu können glaubt, nehme ich mit *Sänger* an, dass ein langer zeitlicher Zwischenraum mit wiederholter und gründlicher Desinfektion der Hände stattfinden muss, ehe man hoffen kann, dass eine einge-tretene Infektion derselben beseitigt und eine vollständige Desinfektion möglich ist.

Ich selbst verwende zur mechanischen Reinigung meiner Hände und der Haut der Kranken Schmierseife, heisses Wasser, Wurzelbürste, Nagelschere sowie Sand. Für die Empfehlung des Sandes zu dem genannten Zwecke müssen

wir *Sänger* dankbar sein, denn er ist in der That ein vor-
zügliches Unterstützungsmittel. Die Bürstchen, die ich
hierbei gebrauche, lasse ich, da sie in der Regel bereits
anderweit benutzt sind, alle zusammen in eine der emaillierten Schüsseln einlegen und mit Wasser, dem man auch
Soda zusetzen kann, abkochen. Legt man die Bürsten
stunden- oder tagelang nach ihrem Gebrauch in Sublimatlösung, so sind sie selbstverständlich bei einer erneuten
Verwendung noch nicht zuverlässig keimfrei. Denn dazu
ist die Wirksamkeit antiseptischer Mittel, wie alle Forscher
übereinstimmen, viel zu gering. Finden mehrere Operationen unmittelbar hintereinander statt, so kommt der
kurzen Zeit, innerhalb der die Bürsten in antiseptischer
Lösung liegen könnten, überhaupt kein Desinfektions-
wert zu.

Als Waschschüsseln verwende ich gewöhnliche runde
Waschbecken aus Porzellan oder Steingut. Dieselben müssen
durchaus nicht in Dampf sterilisiert oder in Wasser abgekocht sein, sondern es genügt, wenn sie einfach in Seife
und Wasser gewaschen und mit sauberen Handtüchern
abgetrocknet sind. Handelt es sich doch jetzt zunächst
nur um die erste grobe mechanische Reinigung der Hände
in reichlichem Wasser. Die Hände selbst sind in der
Regel noch stark keimhaltig. Von dem Moment an aber,
wo die Waschung und Abtrocknung der Hände beendet
und eine relative Keimfreiheit derselben hergestellt ist,
dürfen sie, damit sie nicht von neuem infiziert werden,
nur noch mit Objekten, welche zuverlässig keimfrei sind,
in Berührung kommen. Insbesondere hat die zum Abschluss
ihrer Desinfektion bestimmte antiseptische Lösung in allen
Teilen vollständig keimfrei zu sein, und ist deren Herstellung nach der bisherigen Methode im Teil I, Abs. 1 und nach
meiner Methode in Teil II, Abs. 1 ausführlich angegeben.

Falsch ist es, wenn man, wie *Fritsch* dies thut, gleich
von vornherein Sublimat anwendet und dies dem zur
Seifenwaschung bestimmten Wasser zusetzt. Das Sublimat

wird bei Berührung mit Schmierseife sofort unwirksam, indem es als Quecksilberoxyd ausfällt und als solches keine keimtötende Kraft mehr besitzt. Gebraucht man gar das Sublimat in Form von *Angerers* Pastillen zu diesem Zweck, so nimmt das in denselben enthaltene Kochsalz der Schmierseife ihre Wirkung. Um das Sublimat nicht auszufällen, müsste man direkt eine garantiert überfettete Seife nehmen, die indessen in ihrem Reinigungseffekt bedeutend der Schmierseife nachsteht. Aus dem angeführten Grunde muss vielmehr jede Spur von Schmierseife oder gewöhnlicher Waschseife von den Händen entfernt sein, wenn diese in Sublimatlösung mit Erfolg desinfiziert werden sollen.

Bezüglich der Schmierseife ist es praktisch wichtig zu wissen, dass man im Handel zwei verschiedene Sorten unterscheidet. Die eine Sorte, die unter dem Namen »ungefüllte Schmierseife« verkauft wird, ist rein von fremden Stoffen und Beimengseln. Sie besitzt das bekannte, charakteristisch grünliche Aussehen und wird deshalb auch grüne Seife genannt. Die andere Sorte, die mit der Benennung »gefüllte Schmierseife« feilgeboten wird, ist zu einem erheblichen Teil und zwar meist bis zur Hälfte mit Mehl, Holzstaub oder einem anderen der Kohlenwasserstoffgruppe angehörigen Körper vermengt und hat weisslich milchiges Aussehen. Dass für unsere Zwecke nur die »ungefüllte Schmierseife« in Betracht kommt, brauche ich wohl nicht erst besonders zu betonen.

Bei andauerndem und intensivem Gebrauch bewirkt die Schmierseife und das heisse Wasser eine solche Schrundigkeit und Rissigkeit der Epidermis, dass die Haut bei ferneren Waschungen sich gar nicht mehr ebnen und glätten lässt, und die Hände somit eine Zeit lang für Operationen überhaupt nicht mehr desinfektionsfähig gemacht werden können. Besonders auch trägt Alkohol hierzu bei. Ferner kann schon die antiseptische Lösung an sich, besonders bei empfindlicher Epidermis, das Uebel hervorrufen oder wenigstens verschlimmern.

Um diesem unangenehmen Zustand möglichst vorzu-
beugen, hat *Lassar* neuerdings eine eigene, von ihm er-
fundene Salbe in den Handel bringen lassen, die nach
Beendigung einer jeden Operation in die Hände eingerieben
werden soll. Dieselbe Wirkung erreicht man mit gewöhnlicher gelber Vaseline. Nur muss man darauf achten, dass
man sie unmittelbar nach Beendigung der Operation ein-
reibt und zwar, solange die Hände noch nicht ganz trocken
sind, sondern wenigstens eine Spur von Feuchtigkeit enthalten. In dieser Bedingung, die auch bei Anwendung
der *Lassar*schen Salbe befolgt werden muss, liegt das ganze
Geheimnis der Wirkung und nicht in etwaigen Zusätzen
oder Bereitungsweisen des Fettes. Es genügt indessen dieses
Verfahren nicht immer. Ich habe daher bei vielen und
häufigen Operationen zu dem Mittel gegriffen, die Hände
abends vor der Operation sehr ausgiebig mit Vaseline einzu-
reiben und dieselbe die Nacht hindurch auf ihnen zu belassen, indem ich nach dem Vorbild unserer Damenwelt
zum Schutze der Bettwäsche Glacéhandschuhe darüber
anlegte. Besser ist für manche Hände Vaselin, Lanolin aa.
Ob es freilich im übrigen ratsam erscheint, aus Leder
angefertigte Handschuhe auch tagsüber zu tragen, muss
für den Operateur vom aseptischen Standpunkte aus verneint werden. Denn es wird nicht möglich sein im Laufe
des Tages, besonders aber nicht unterwegs nach einer jeden
infektiös verdächtigen Berührung die Hände von allen anhaftenden Keimen zu befreien, bevor die Handschuhe an-
gelegt werden. Es gelangen also vielmehr diese Keime
in das Handschuhleder hinein und finden dort Gelegenheit
zu üppigster Vermehrung. Leder gehört ohnehin zu den
Dingen, die einer Desinfektion die grössten Schwierigkeiten
entgegensetzen. Der Operateur bringt seine Hände, womöglich direkt vor der Operation, mit dem sicher bak-
terienreichen Nährboden des Handschuhes in Kontakt. Es
ist dies um so verhängnisvoller, wenn die Hände rissig
und dadurch für eine Infektion hervorragend disponiert

sind. Der nächtliche Gebrauch von Glacéhandschuhen dagegen ist nicht von diesem Gesichtspunkt aus zu betrachten. Einmal ist zwischen Haut und Handschuhen, die nicht unmittelbar aufeinander liegen, Vaseline gewissermassen als Zwischenglied vorhanden. Dann aber lassen sich abends direkt vor dem Gebrauch der Handschuhe stets die Hände von infektiösen Stoffen befreien, so dass das Handschuhleder, wenn man vornherein ungebrauchte Handschuhe verwendet, sich überhaupt nicht so leicht infizieren kann wie der für den Tagesgebrauch und die Rocktasche bestimmte Toilettenhandschuh.

Am besten vermeidet man die Rissigkeit und Schrundigkeit der Epidermis, wenn man heisses Wasser und Schmierseife nur bei Operationen und da, wo es sonst noch absolut nötig ist, zur Waschung verwendet, und sich im übrigen zur Händereinigung nur des kalten Wassers und einer überfetteten Seife bedient, wozu sich Mandelseife besonders gut eignet. Wenigstens gilt dies als Regel, solange die Epidermis noch schadhaft ist, andernfalls riskiert man das Uebel von neuem zu steigern, so dass man dann, wenn es wirklich darauf ankommt, die Hände vollständig keimfrei für eine Operation zu machen, dies erst recht ganz absolut unmöglich ist.

Trotz Befolgung dieser Regel wird man bei angestrengt operativer Thätigkeit dennoch eine Beschädigung der Epidermis bis zu dem Grade erleben, dass man glaubt, die Hand auf Tage nicht mehr genügend desinfektionsfähig machen zu können. In diesen verzweifelten Fällen bin ich auf den Gedanken gekommen, mich der Chlors zu bedienen, und habe ich damit sofort vorzügliche Erfolge gehabt. Ich verfahre dabei so, dass ich mir Chlorkalkpulver in die eine Hohlhand schütten lasse. Nachdem ich mit der anderen Hohlhand aus dem Waschbecken etwas warmes Wasser aufgebracht habe, rühre ich mit den Fingern diese Masse zu einem Brei und verreibe diesen mit beiden Händen allseitig auf der Haut. Jetzt lasse ich mir von einer

Wärterin behutsam verdünnten Essig auf eine Hohlhand
giessen und verreibe denselben sofort in gleicher Weise.
Der Essig macht das Chlor frei, und dieses wirkt auf die
Haut ein, dieselbe schneeweiss bleichend und die dem zu-
künftigen Absterben geweihten Epidermisschuppchen bal-
digst abstossend. Gleichzeitig werden etwaige anhaftende
Gerüche zerstört. Beim Reiben beider Hände aneinander
muss man dieselben, namentlich sobald Essig zugegossen
wird, weit von sich wegstrecken, da das Chlor sonst in
die Augen gelangt und deren Bindehaut heftig reizt. Diese
Art der Verwendung von Chlor ist die einfachste und dabei
wirksamste, weil sich das Chlor hierbei in statu nascendi
befindet.

Gegenwärtig wende ich dieses Verfahren überhaupt
zur Erhöhung der Desinfektion vor jeder peritonealen
Operation an, und zwar schalte ich es unmittelbar nach
der Seifenwaschung und vor Gebrauch von Alkohol und
Antiseptikum ein.

Hiermit bin ich am Ende meiner Arbeit angelangt.
Ich schliesse die Darstellungen, die ich über die aseptischen Vorbereitungen der einzelnen Objekte, die während
der Operation mit der Wunde direkt oder indirekt in Berührung treten, gegeben habe. Vergleichen wir diese aseptischen Vorbereitungen, wie sie nach den bisher üblichen
Methoden vorgenommen wurden, mit der Methode, welche
ich in Anwendung ziehe und des näheren in den voranstehenden Zeilen erörtert habe, so ergiebt sich unzweifel-
haft, dass im Gegensatz zu den bisherigen Verfahren:

I. Meine Methode der Asepsis eine absolut sichere ist.

II. Meine Methode der Asepsis eine ausserordentlich
einfache ist.

Die Sicherheit der Asepsis und die Einfachheit der
Handhabung wird bei meiner Methode durch die Leichtigkeit verbürgt, mit der es möglich ist,

1) dass die Abkochung, das anerkannt sicherste und schnellste Keimtötungsmittel, ausschliesslich und allein Anwendung findet;

2) dass der seiner Wirkung nach unsichere, dabei umständliche und zeitraubende Gebrauch von Wassersterilisatoren und Dampfsterilisatoren vollständig in Wegfall kommt, sowie dadurch gleichzeitig die erheblichen Anschaffungs- und Reparaturkosten solcher Apparate vermieden werden;

3) dass das keimfrei zu machende Objekt, das Gefäss, in dem es während der Operation liegen soll, und die Flüssigkeit, in der es dabei untergebracht ist, nicht einzeln für sich erst aseptisch gemacht und dann erst nachträglich zusammengesetzt werden, — ein Vorgehen, bei dem eine Gefährdung der erreichten Keimfreiheit nur unter grossem Zeitaufwand und viel Umständlichkeit auszuschliessen ist, — sondern dass Objekt, Gefäss und Flüssigkeit gleich in der Form und Anordnung, in der sie während der Operation sich befinden sollen, von vornherein zusammengestellt werden und dann erst, und zwar gleich in dieser Anordnung, keimfrei gemacht werden, und

4) dass die Herstellung dieser Keimfreiheit sämtlicher Komponenten durch ein und denselben Keimtötungsprozess mit einem Schlage zugleich geschieht und hierzu nicht mehr Zeit beansprucht wird, als zur aseptischen Präparation des einzelnen Gegenstandes für sich nötig ist. Ja,

5) dass weiterhin sogar die Herstellung der Keimfreiheit aller, wenngleich noch so vieler Objekte samt den einzelnen zu ihnen gehörigen Gefässen und Flüssigkeiten nicht mehr Zeit beansprucht, als die aseptische Herstellung eines einzigen Objektes für sich;

6) dass durch denselben Prozess, der zunächst nur zur Erlangung der Keimfreiheit der Objekte bestimmt war, auch gleichzeitig die Keimfreiheit der Luft im Operationszimmer erreicht wird;

7) dass die Asepsis sämtlicher Objekte direkt unter dem Auge des Arztes hergestellt wird, und das Keimtötungsverfahren erst unmittelbar vor einer jeden Operation stattfindet;

8) dass die Objekte, von dem Moment an, wo sie keimfrei gemacht worden sind, bis zur stattfindenden Anwendung in der Wunde beständig unter dem Auge des Arztes bleiben, und somit die Beibehaltung ihres aseptischen Zustandes in jedem Augenblicke verbürgt ist;

9) dass die Objekte während der ganzen Dauer der Operation ausser mit der Wunde nur noch mit den Händen des Operateurs und eines einzigen Assistenten, der überhaupt nötig ist, in Berührung kommen, und dass dem Operateur genügend Zeit bleibt, die Desinfektion der Hände dieses Assistenten durch Augenschein bequem vom Anfang bis zum Ende zu überwachen;

10) dass kein zahlreiches und vor allem kein besonders aseptisch geschultes Personal, welches bei den bisherigen Methoden zur Bedienung von Dampf- und Wassersterilisatoren sowie zur Zusammenstellung und Gruppierung der Objekte unerlässlich war, mehr nötig ist, sondern dass wir bei dessen stetiger Unzuverlässigkeit demselben nur solche Arbeiten anzuvertrauen brauchen, die jeder beliebige Dienstbote ebensogut verrichten kann;

11) dass alle, selbst die für die grössten Operationen erforderlichen Gerätschaften leicht in die Privatwohnung der Patientin transportiert werden können;

12) dass bei Operationen in der Privatpraxis genau dieselben Garantien der Asepsis gegeben sind, wie bei Vornahme der Operation in klinischen Verhältnissen.

––––––––––

Aus allen diesen Gründen glaube ich, nachdem ich auch dargethan habe, dass die Reihe der klinischen Erfolge meiner logisch wissenschaftlichen Schlussfolgerung voll und ganz entspricht, meine Methode der absoluten Asepsis und der Entbehrlichkeit von Dampfsterilisatoren bei Vornahme von Operationen den Fachgenossen aufs angelegentlichste empfehlen zu dürfen.

D r e s d e n, Januar 1895.